노오력의
배신

청년을 거부하는 국가 사회를 거부하는 청년

조한혜정·엄기호 외 지음

노오력의 努-力 배신

창비

00

왜 한국만 조용한가, 아니, 난리인가?

지금 청년의 삶을 지배하는 것은 무엇인가
하자 청년 연구팀

조한혜정 엄기호 최은주 이충한 양기민 강정석

굳이 믿지 않아도 되는 시대가 있었다. '내가' 의식적으로 믿지 않더라도 믿음은 거기에 있는 것이었다. 내가 믿지 않더라도 믿게 되는 시대였다. 지하철을 탈 때 우리는 그 지하철이 붕괴할 확률이 있다는 것을 알지만 그것을 굳이 생각하면서 타지는 않는다. 그 위험을 감수하면서까지 타는 것이 아니라 그 위험을 생각하지 않기 때문에 탄다. 음식을 잘못 먹으면 식중독에 걸린다는 것을 알지만 그렇다고 아무것도 먹지 못하는 것이 아니다. 식중독이 있다는 것을 알고 그것을 생각하면서 그 위험을 감수하는 것이 아니라 그 위험을 생각하지 않기 때문에 음식을 먹을 수 있다. 이것은 나를 보호하는 시스템이 작동하고 있다는 것을 믿기 때문이다. 그런데 지금 우리 시대가 바뀌고 있다. 우리 시대의 삶이 변화하고 있다.

지금 청년의 삶을
지배하는 것은 무엇인가

사람들은 묻는다. 한국의 청년문제는 그 어느 나라보다 심각한 듯한데, 왜 한국의 청년만 이렇게 조용하냐고. 청년들이 패기가 없다고 말하기도 하고 신자유주의에 완전히 포섭되었다고 성토하기도 한다. 정치에 너무 관심이 없고 냉소적이라고 비판하기도 하고 자기 이외의 것을 돌볼 줄 모른다는 푸념을 늘어놓기도 한다. 말로만 현실에 대해 불만을 나타내지 정작 투표하러 가지 않으니 자업자득이라는 독설도 서슴지 않는다.

반대로 청년들의 사정에 조금이라도 다가가본 사람들은 그들에게는 여력이 없다고 말한다. 과거처럼 대학이 그들에게 '아지트'의 역할을 해주는 것도 아니다. 대다수의 청년들은 대학에 진학하지만 취업을 위한 스펙을 쌓는 데 바빠 다른 곳에 관심을 기울일 여력이 없다. 학점 경쟁에 매달려야 하고, 등록금이나 생활비를 벌기 위해 알바 전선에 뛰어들어

야 한다. 기성세대가 보기에는 어느 때보다 풍요로운 시대이지만 청년
들의 삶을 지배하는 것은 풍요가 아니라 '가난'이다.

기-승-전-'병'

한국의 청년들이 경험하고
있는 '가난'은 총체적이다. 무엇보다 이들은 미래, 즉 전망의 부재라는
가난을 겪고 있다. 신자유주의 이후에 이들이 경험하고 있는 것은 양극
화만이 아니다. 양극화보다 더 중요하고 심각한 경험은 바로 삶의 불안
정성*이다. 일자리가 없으면 없는 대로, 있으면 있는 대로 다음 단계에
대해 불안해하고 있다. 삶의 예측 가능성은 불투명해졌다. 이에 따라 이
들은 자신의 앞길이 어떻게 될지에 대해 불안해하지 않을 수 없다.

이런 이들의 삶을 설명하는 개념이 '생존주의'다. 1990년 이후 한국
은 비약적인 경제성장을 통해 본격적인 소비자본주의로 진입했다. 생존
의 문제를 넘어서 이제 삶의 질을 토론하는 사회로 진입하는 듯 보였다.
교육에서부터 직업에 이르기까지 사람들은 더이상 '먹고사는 것'에 중
심을 두는 것이 아니라 자아실현을 목표로 삼았다. '꿈'을 가지고 그 꿈
을 실현시키는 것이 삶의 목표라고 말했다.

그러나 1997년의 경제위기와 그 이후의 구조조정은 사람들을 다시 생
존의 문제로 돌아서게 했다. 탈락에 대한 공포가 지배하기 시작했다. 주
변을 보며 이 사회에 패자부활전이 없다는 것을 깨달았다. 한 번 탈락은

---

* 김창환은 소득 불평등과 소득 불안정의 개념을 가지고 한국의 가장 큰 문제는 불평등이 아니
라 불안정성이라고 말한다. 김창환 「'헬조선'의 진짜 이유」, 『주간동아』 제1019호 참조.

곧 몰락을 의미했다. 자아실현은 사치가 되었다. 대신 안정적인 삶이 무엇보다 중요해졌다. 생존은 곧 안정을 의미했고 정년이 보장되는 교사 같은 직업이 선호되었다. 다수의 청년들은 안정을 찾아 '공시'(공무원 시험)에 뛰어들었다.

이즈음에 청년들은 자신을 '잉여'라고 부르며 냉소하기 시작했다. 자기들이 남아도는 인생이라는 것이다. 과거의 자본주의가 청년들을 훈련을 통해 어떻게든 사회에 통합시켜 노동력으로 부리려고 했다면, 오늘날에는 그 많은 노동력이 필요하지 않다. 따라서 체제의 입장에서는 청년들이 스스로를 준비가 되지 않은 존재라고 여기게 하는 것이 필요했다. 취직이 되지 않는 이유가 충분한 일자리가 없어서 벌어지는 문제가 아니라 자신이 준비가 되지 않아 생기는 일이라고 생각하게 하는 것이다.

스스로를 이 '잉여'라고 생각하는 존재들이 세상을 바라보는 방식이 바로 '냉소'였다. 근대가 약속했던 연속적이고 성장하는 서사성을 갖춘 삶은 더이상 가능하지 않다는 것을 이들은 꿰뚫어보았다. 삶이란 기-승-전-결로 이어지는 연속적인 과정이 아니라 언제 어디서 무엇이 단절될지 모르는 불안정한 것이라는 깨달음이다. 그래서 이들은 기-승-전-결을 기-승-전-'병'으로 대체했다. 결말은 항상 망하는 것으로 끝난다는 것이다. 이런 냉소만이 쓰레기로 전락한 이들이 자신의 처지를 정당화할 수 있는 방법이었다.

포기를 선택한 삶

불과 몇 년 사이에 한국 사회는 '잉여'라는 단어조차 입에 올리기 두려운 사회가 되었다. '잉여짓'을 할 시간에 뭐라도 하면서 뛰어다니지 않으면 '생존'이 불가능해진 탓이다. 생존에 대한 공포는 삶을 압도했다. 냉소도 사라졌다. 냉소도 세상과 거리를 두고 인식할 때 가능한 삶의 태도다. 그런 세상에 대한 인식이 가능할 만큼의 여유도 사라진 것이다.

대신 살아남기 위해 그들이 선택해야 하는 것은 '포기'였다. 3포 세대(연애, 결혼, 출산을 포기한 젊은이)에서 나아가 N포 세대라는 신조어까지 만들어졌다. 언제까지 공부하고, 어느 때부터 연애를 하며, 일정 나이가 되면 취직해서 결혼하고 가정을 꾸리고, 곧이어 아이를 낳아 양육하고 교육시키는 식의 표준적 생애주기에서 포기해야만 하는 것이 생겨나고 또 늘어나고 있는 것이다.

가장 먼저 '포기'의 대상에 오른 것은 연애와 결혼 그리고 출산이다. 우선 연애부터 보자. 그들은 누군가를 만날 시간적·경제적 여유가 없다. 청년들이 일반적으로 종사하는 알바 노동을 통해 벌어들이는 최저임금으로는 연애하는 데 들어가는 비용을 감당하는 것이 만만찮다. 또한 그 최저임금으로 생계를 꾸리려면 장시간 노동이 불가피한 까닭에 시간적 여유를 내기도 어렵다. 결혼과 출산은 또 어떤가. 결혼해서 아이를 낳으려면 삶의 장기적인 안정성이 필요하다. 자기 혼자만의 문제가 아니라 다른 사람의 삶에 대한 책임감이 필요하기 때문이다. 그러나 지금의 이 불안정성과 불투명성은 장기적인 삶의 계획을 불가능하게 만들었다. 이 불안정성이야말로 양극화 같은 불평등의 문제보다 더 심각하게 청년들의 삶에 영향을 끼쳤다. 안정성이 사라질수록 책임을 져야 하는 일을 하지 않게 되고 그럴수록 결혼, 특히 출산은 가급적 미루거나 포기하게 되는 것이다.

여기서 더 나간 말이 5포니 7포니 N포 세대니 하는 것들이다. 결국 인간관계와 희망마저 포기한다. 예전에는 힘들 때 친구를 만나면 경제적 여유가 있는 친구가 밥값과 술값을 지불했다. 지금은 아니다. 더치페이가 정착한 '선진 자본주의' 사회에서는 사람을 만나는 일 하나하나가 다 돈이다. 그래서 있어야 할 돈이 없으면 자존감이 상한다. 나만 뒤처지고 소외되고 탈락한 느낌에 사람을 만나면 더 위축되고 우울해진다. 도무지 이 삶에 '희망'이 없어 보인다. 그래서 청년들은 '이생망', 즉 이번 생은 망했다고 자조한다.

자존감을 상실하고 희망이 없다고 말하는 사람들은 취업을 하지 않은 사람들뿐만이 아니다. 오히려 취업을 한 사람들 중에서 더 확고하게 희망이 없다고 말하는 경우를 보게 된다. 근대 사회에서 전망이란 비약적이라기보다는 단계적이다. 내가 한 단계를 밟고 있고, 노력하면 다음 단계로 나아갈 수 있다고 생각할 때 희망을 갖는다. 그런데 이 '다음 단계'가 보이지 않거나, 다음 단계로 나아가면 상황이 더 나빠질 뿐이라고 느낄 때 사람들은 좌절하고 절망한다. 대기업에 취업한 사람들이 느끼는 절망감이 바로 그렇다. 내가 이 일을 착실하게 하면 다음으로 나아가고 그 다음이 또 준비되어 있다고 보는 것이 아니라, 자기 앞의 선배들을 보면서 그 다음은 절벽이라는 걸 확인하게 되고 힘들어지는 것이다. 취업을 하지 않아도 절망스럽지만 취업을 해도 희망이 보이지 않는 셈이다. 이들은 체제 안에서 그 체제를 고스란히 살아보았기 때문에 주춤거림도 없이 세상이 망했다고 말한다.

　지금 한국의 '잘나가는' 조직에서 사람을 양성하는 방식은 박하다 못해 가혹하다. 조직원을 보호하거나 귀하게 여기기는커녕 전쟁터에 던져 놓고 살아서 돌아오기를 요구한다. 사람의 성장에 관한 한 기성세대가 가지고 있는 '표준'은 전쟁 모델이다. 치열하게 경쟁하며 강하게 커야 한다고 주장한다. 마치 사자를 훈련시키듯 후배들에게 현장은 전쟁터이기 때문에 살아남는 법을 배워야 하며 용감하고 희생적이어야 오래갈 수 있다고 가르친다. 그런 조직이 더 도덕적이고 공정하며 오래 살아남는다고 말한다. 그리고 그렇게 믿으려고 노력하는 이들이 적지 않다.

　이건 사람을 양성하는 방식이 아니다. 그냥 무책임한 것이다. 그냥 살아 돌아오면 써먹고 죽으면 할 수 없다. 다른 사람으로 대체하겠다는 말이다. 기업에 들어간 사람들은 자신이 소모품처럼 쓰이다 버려질 거라는 것을 잘 알고 있다. 일 '자리'의 문제가 아니라 일 '터'의 문화 자체가 사람을 양성하고 성장시킬 수 있는 분위기가 아닌 것이 문제이다.

　이런 상태에서 청년들에게서 사라지는 감각이 있다. 바로 사회에 대한 감각, 사회를 통해 자신의 삶이 보호될 수 있다는 감각이 실종되고 있다. 3포니 5포니 N포니 하는 말에서 결과적으로 포기되는 것은 '사회'이고 '공공영역'이다. 내 삶이 사회를 통해 보호되지 않는다면, 삶은 정글이 되고 탈락은 어쩔 수 없는 것이 된다. 각자 사적으로 자신이 동원할 수 있는 자원을 최대한 동원하여 살아남기 위해 노력하는 것이지 공공적 해결이란 불가능하거나 불필요하다고 생각하게 된다. 저 수많은 포기의 핵심에는 '사회'와 '사회적인 해법'에 대한 포기가 있는 것이다.

　사회적 노력을 통해 해결할 수 있다는 믿음이 사라지면 '각자도생'하게 되고, 각자도생하는 이들은 사회를 통한 해결을 오히려 '불공정한 것'으로 취급한다. 사회적 해결을 스스로 살아남지 못하는 약자들을 보호하기 위한 방법이라 여기며, 기본적으로 이에 대해 불편함을 느낀다. 대학입시에서 지역 간 균형이나 계층 간 균형을 맞추기 위한 조치들에 대한 반감이 대표적인 사례이다. 누구는 자기 실력으로 열심히 노력해서 얻은 것을 다른 누군가는 '약자'라는 이름으로 쉽게 얻는 상황을 불편해하는 것이다. '약자'인 그들은 '살벌한 경쟁'에서 면제된 것으로 보이고 그것이야말로 불공정하게 여겨져 참을 수 없게 된다.*

기성세대는 지금 청년들을 향해 왜 분노하지 않느냐고 말하지만 청년세대는 이미 '분노'하고 있다. 2015년 청년 담론을 지배한 키워드가 '헬조선'이라는 점에서 극적으로 이 사실을 알 수 있다. 청년들은 이미 우리 사회가 자신의 노력만으로는 불평등 문제를 극복할 수 없다는 것을 몸으로 깨달았다. 출판계에서 '자기계발서'의 판매가 떨어지기 시작했다는 것이 한 증거이다. '자기계발'의 자리는 이제 '금수저·흙수저'론으로 대체되고 있다.

청년들은 한국 사회가 개인의 노력과 능력을 통해 성공에 이를 수 있는 기회균등의 사회가 아니라는 것을 경험적으로 깨달았다. 지표상으로는 불평등 문제가 완화되고 있는 것으로 나타나지만 경험적으로는 그 반대다. 특히 이 부분을 경험적으로 느끼는 공간이 바로 학교다. 학교를 다닐 때도 부모의 지원으로 학비 걱정 없이 공부에 전념할 수 있는 학생들과 알바를 하며 생활비를 벌어야 하는 학생들 사이에 학점 등의 격차가 점점 더 벌어지고 있다. 노력과 능력보다 부모의 지위가 자신의 미래

* 공정에 대한 논의는 오찬호 『우리는 차별에 찬성합니다』, 개마고원 2013을 참조하라.

를 결정짓는 데 더 확정적 변수라는 것을 몸으로 알아가고 있다.

이런 상태를 살아내는 청년들에게 기성세대는 더 많은 노력을 하라고 요구한다. 그걸 조롱하는 말이 바로 '노오력'이다. '망한민국' '헬조선'의 가장 결정적인 키워드이다. 개인이 아무리 노력해도 답이 없는 상태인데 그것을 계속 개인의 자질과 태도, 나아가서는 '윤리'의 문제로 환원시키는 채찍질이 '노오력'인 것이다.

문제는 이 '노오력'이 삶을 발가벗긴다는 점이다. '노오력'은 노력과는 다르다. 노력이 개인이 자신이 가용할 수 있는 자원을 최대한 효율적으로 동원하는 것이라면 '노오력'은 그 이상이다. 노오력은 개인이 할 수 있는 것 이상을 의미한다. 도처에 만연한 초경쟁 상황에서는 달성해야 하는 목표 그 이상의 성과를 내야만 살아남을 수 있다. 200퍼센트, 300퍼센트를 달성해야 한다. 이런 성과를 내기 위해 개인은 무리수를 둘 수밖에 없다. 이 무리수는 법적으로는 탈법과 합법의 경계를, 개인의 능력 면에서는 한계치의 경계를 넘나들게 만든다. 그 결과 '노오력'은 한 끗 차이로 사람을 불법의 나락으로 떨어뜨리거나 번아웃시키고 만다. 하루아침에 범죄자가 되거나 죽을 병에 걸리게 되는 것이다.

사태가 이 지경에 이르면 '분노'가 사회적으로 조직되어 터져나와야 한다. 최근 동아시아 청년들이 이런 절망적인 사태를 직시하면서 새로운 사회운동이나 정치적 흐름을 만들어가고 있다. 대만에서는 청년실업 문제, 청년들의 주거문제가 정권을 교체하는 동력이 되었다. 중국 본토에 과도하게 의존하는 경제정책에 의해 일자리가 사라지고, 삶의 위기를 겪게 된 청년들이 입법원을 점령하고 농성했다. 청년들은 입법원 점령 이후 자신들의 문제가 농민들이 겪고 있는 문제와 다르지 않다는 것을 지역을 돌아다니며 설득했다. 그 결과 대만은 정권 교체를 이뤄냈으며 해바라기 운동의 주역들이 만든 '시대역량時代力量'이라는 당이 의회에 진출했다.

홍콩에서도 변화가 나타났다. 중국으로 반환된 이후 홍콩은 중국의 한 도시로 전락하면서 정체성과 위상의 변화를 겪고 있다. 홍콩의 청년들은 중국에 대한 애국을 강조하는 교육이 강화되면서 민주주의와 자치가 훼손되었다고 느끼고 있었다. 여기에 청년실업 문제나 주거문제가 겹치면서 청년들의 불만은 홍콩의 민주주의를 지키기 위한 투쟁으로 터져나왔다. 청년들이 정부 청사 주변을 봉쇄하고 길거리를 점령하며 직선제를 요구했다. 소위 우산혁명이라는 정치적 운동이 청년들에 의해 주도된 것이다.

이런 움직임들을 보면 한국은 지나치게 조용해 보인다. 분명 청년들의 주거문제, 민주주의의 후퇴, 사회·경제의 양극화, 삶의 불안정성 등 모든 사안에서 동아시아의 다른 국가들과 비슷하거나 혹은 더 격렬하게 문제를 겪고 있음에도 불구하고 한국의 청년들은 의외로 정치적·사회적으로 침묵을 지키고 있다. 얼마 전 동아시아의 사회운동에 관한 세미나 자리에서 만난 홍콩의 사회학 교수는 자신들이 시위현장에서 부르는 노래가 '임을 위한 행진곡'이라면서 한국에 대한 무한한 애정을 표했다. 동아시아에서 가장 격렬하고 전투적인 학생운동과 사회운동의 역사를 가지고 있는 한국, 그 나라는 지금 왜 이렇게 조용한가? 아니 정말 조용한가?

지금 청년들이 조용하다고 말하는 사람들은 대부분 1980~90년대에 대학을 다녔던 소위 '민주화' 세대 장년이다. 이들은 자신의 시대 경험에 비추어 정치와 사회를 규정한다. 그리고 그 관점에서 문제가 있으면 청년들이 당연히 앞장서서 문제 제기를 하고 해결을 모색해야 한다는 기대를 한다. 깃발을 들고, 자보를 붙이고, 거리를 점령하며 자기 목소리를 내라고 말한다. 그것이 청년의 방식이라는 것이다. 청년들이 자기네 세대식으로 스스로를 '정치적'으로 조직화하지 않고 사회적으로 목소리를 내지 않아서 '조용'하다고 생각하는 것이다.

이들의 눈에는 '헬조선'이니 '노답 사회'니 하는 말들로 급진화되고 있는 청년들의 모습은 잘 안 보인다. 보인다고 하더라도 그것은 인터넷을 배경으로 한 개인적인 불만 정도로 여기지 실제적인 변화를 이끌어 낼 '정치적 행동'으로는 받아들이지 않는다. 그래서 자꾸 청년들에게 무기력에 빠지지 말고 '분노'하고 '행동'하라고 말한다.

우리 연구진은 이 책에서 청년들이 조용하고 무기력한 것이 아니라는 것을 말하고자 했다. 과거처럼 깃발을 들고 거리에 나오지는 않지만 누구보다 깊이, 그리고 정확하게 현실에 대한 파악을 하고 있으며 그에 대한 분석적·감응적 개념들을 만들어 퍼트리고 있는 중이라는 것을 알리고자 했다. 그들의 시선은 날카롭고 탁월하다. '금수저·흙수저'론은 자신들의 경험에 바탕을 두고 현실의 불평등 구조를 간파한 담론이다. '노답 사회'라는 말은 적당한 해법으로는 한국 사회의 문제가 해결되지 않을 것이며, 한국 정치와 기성세대 및 조직은 문제 해결 능력도 의사도 없음을 지적한다. 거대한 물밑에서 청년들의 마음은 다른 어느 때보다, 다른 어떤 사회보다 더 과격하게 부글부글 끓고 있다.

혐오의 배경,

살벌함의 공정함

이제 문제를 바라보는 시각을 바꾸어야 한다. '왜 조용한가'라고 묻는 것은 현실을 제대로 보고 있지 않기에 하는 질문이라는 것을 인식해야 한다. 기성세대의 섣부른 '기대'와 '요구'가 청년문제를 해결하기 위한 사회적 합의를 더 힘들게 만들고 세대 간 갈등을 부추긴다는 것을 알아야 한다. 청년들이 '분노'하지 않는다고 한탄할 것이 아니라 분출되고 있는 그들의 분노가 어떤 방식으로 터져나가고 있으며, 왜 그렇게 되었는지를 '이해'할 수 있어야 한다. 해석학적 순환 방법, 곧 판단을 일시 중지하고 타인의 세상에 들어가볼 수 있어야 하는 것이다.

우리 연구진이 한 것은 바로 문화적 상대주의로 청년들을 이해하는 작업이었다. 그들이—연구진 대부분이 이 청년에 속한다—만들어낸 탁월한 신조어 노오력, 노답 사회, 헬조선/탈조선, 혐오/벌레를 키워드로 이들의 삶 그리고 마음에 다가서려고 했다. 특히 우리가 눈여겨본 단어는 벌레와 혐오이다. 분노가 표출되는 방식이 '혐오'라는 형태를 취하게 되었다는 점을 주목했다. 박권일은 분노가 혐오가 된 이유에 대해 "불평등과 부정의 시정을 체념했기 때문"이라면서 "혐오해서 체념하게 된 것"이 아니라 "체념을 합리화하기 위해 혐오가 동원"되었다고 말하고 있다.[2] 앞에서도 말했지만 한국에서 불평등의 문제는 불공정의 문제로 둔갑했다. 계층과 젠더 그리고 지역 등의 구조적인 권력 차이는 개인들의 자질과 능력, 그리고 '노오력'의 문제로 전환되었다. 그렇기 때문에 구조에 대한 분노는 손쉽게 노력하지 않고 자신의 지위를 '이용'해서

'혜택'을 보고 있는 사회적 약자들을 향한 '적대'와 '혐오'로 나타난다. 특히 그간 누려온 우월적 지위에 위기를 느끼고 있는 남성들이 가지고 있는 여성에 대한 혐오나 이주노동자들이 부당한 혜택을 보고 있다고 반발하는 일부 노동자들의 적대와 혐오가 대표적이다. 공공적인 것에 대한 감각을 상실한 개인들, 특히 자신의 삶이 위태롭다고 느끼는 이들의 눈에는 사회적 불평등을 보장하기 위한 모든 조치들은 자기에게 돌아오는 혜택이 아닌 한 모두 '부당한' '혜택'이다. 제도와 공동의 노력에 대한 불신은 자신을 이런 일체의 것들에 대한 '피해자'로 규정하게 만든다.

불평등이 불공정으로 둔갑한 사회에서 가장 공정한 것은 '살벌함의 공정함'이다. 누구도 살벌한 경쟁에서 면제되어서는 안 된다. 살벌하게 경쟁해서 살아남는 것만이 공정한 것이며 그런 사람들이 누리는 부와 명예는 정당화될 수 있다. 그리고 때로 칭송되기까지 한다. 이런 인식 속에서 차별은 정의롭지 않은 것이 아니라 오히려 정당한 것이 된다. 누군가가 이런 살벌함에서 면제된다면 그것이 부당한 것이며 부패한 것으로 여겨진다. 사회적 약자에 대한 공격은 공정함을 지키기 위한 정의로운 것으로서 정당화된다.

반면 '금수저·흙수저'론은 사회적 약자에 대한 혐오를 넘어서서 이 사회 자체에 대한 혐오를 드러낸다. 이는 기본적으로 비약적인 발전을 했다는 한국이 제대로 합리화·근대화되지 않고, 여전히 미개하다는 데에 대한 혐오다.* 근대적 사회는 합리화된 사회다. 그 사회를 작동시키는 힘은 법과 제도에 의한 것이어야 한다. 그러나 한국은 여전히 부정부패가

---

* '노오력'과 '미개'에 대한 논의는 박은하 「헬조선에 태어나 노오오오오력이 필요해」, 『경향신문』 2015년 9월 5일자를 참조하라.

심하고, 법과 제도보다는 관행이나 사적인 친분에 의해 결정되는 것이 더 많다. 아니, 실은 최근 10년 동안 그 경향이 아주 두드러지고 있다.

세월호와 메르스 사태에서 보는 것처럼 이 사회가 위기에 대처하는 방식은 주먹구구식이다. 아무도 책임을 지려고 하지 않는다. 사건이 터지면 누구나 다 면피하려고만 한다. 위기에 더할 나위 없이 취약하며, 이런 상태에서 피해를 보는 사람들은 결국 힘없는 사람들이다. 이런 부정의한 상황에 대한 '분노'가 구조에 대한 분노로 터져나오기도 하지만 지금은 '혐오'의 형태로 표출되고 있는 것이다. 공동의 노력을 통해 서로의 삶을 보호하는 장치를 만들고자 하는 노력을 부당한 특혜라고 주장하고 싶어질 때는, 근본적으로 자신의 노력이 실은 보답을 받을 수 없다는 것을 알게 되는 순간이다. 그간 행한 노력의 방향이 잘못되었다는 것에 대한 간파, 곧 '노력의 배신'에 대한 인식에서 나오는 것이다.

그리고 이들은 구제 가능성이 없으니 차라리 망하는 것이 더 낫다고 말해버린다. '분노'가 '혐오'가 되고 서로를 '벌레'라고 부르면서 비하하게 된 배경이다. 이는 '헬조선'이라는 과격한 형태의 현실인식과 맞닿아 있다. 이 사회가 부정부패했고 미개하다는 인식이 최소한의 근대적 합리성을 도입하는 것으로, 즉 제도를 만드는 노력으로 이어지는 것이 아니라 사회 자체에 대한 불신으로 이어지면서 일부 능력 있는 청년들은 그냥 '싫다'고 말하면서 이 땅을 떠나고 있다. 노력하는 사람들을 조롱하는 이 땅을 떠나겠다는 것이다.

피해자로서의 정체성은 구조와 제도에 대한 개선을 요구하는 '시민적' 노력으로 이어지기 어렵다는 데 문제의 심각성이 있다. 정치적 권리를 침해받았을 때, 이제 사람들은 공동의 노력으로 사회를 만들어가는 시민으로서 피해자가 되는 것이 아니라 개인의 '권리'와 '이익'을 침해받은 '소비자'로서 피해를 입었다고 여긴다.* 이러한 상황에서 공통의 것을 향한 공동의 노력이 들어설 여지는 없다. 새로운 시민성과 공공성이 들어설 여지가 극히 희박한 것이다.

우리 연구진은 2015년 한 해 동안 청년들의 현실을 연구하며 이 새로운 공공성과 시민성이 만들어질 수 있는 여지가 어디에 있는지를 탐색했다. 이 연구의 시작은 청년들이 사회에 대해 점점 더 과격한 태도를 취하게 되는 것에 주목했지만 현실은 연구를 앞질러갔다. 각자도생과 과격화에 대한 논의를 본격적으로 담론화하고자 할 때 벌써 헬조선 담론이 대중매체를 통해 퍼졌고 금수저·흙수저론이 나왔으며 사람들은 서로를 벌레로 공격하기 시작했다.

현실의 불평등함과 불안정성에 대한 대중들의 인식은 과격하고 정밀해졌지만 파괴적이었다. 그래서 우리 연구진이 크게 신경을 쓴 것은 담론을 만들어가는 과정과 방법론이었다. 전통적인 양적 방법이나 참여관찰과 같은 질적 연구로는 청년들의 현실을 파악하고, 대안을 찾기가 힘들다는 것이 연구진의 공통된 의견이었다. 연구의 방법론 자체가 청년당사자들이 자신들의 현실을 인식하고 대안을 모색하기 위해 지혜를 모아가는 과정이어야 했다. 즉 이 연구 자체가 대안에 대해 청년들에게 영감을 불러일으키는 과정이어야 한다는 것이 연구진의 생각이었다.

이런 생각에서 청년문제에 대해 새로운 담론을 만들어가고 있는 연구자들을 초청해 폭넓게 사태를 이해하는 시간을 가졌다. 서울대 김홍중 교수와는 '서바이벌, 생존주의와 마음의 과격화'라는 주제로 생존주

---

* 이에 대한 논의는 박권일 「우리를 지배하는 정체성」, 『한겨레』 2016년 1월 15일자를 참조하라.

의 상황에서 자존과 독존, 그리고 탈존의 삶의 전략에 대해 이야기를 나누었다. 서울시 청년허브의 서민정 선생과는 '청년 세대의 불안과 생존 조건'이라는 주제로, 「명견만리」라는 강연 프로그램을 만드는 KBS 이윤정 피디와는 청년이 사라지는 인구 쇼크 상황에 대해 이야기를 나누었다. 서울대 인류학과의 이민영 선생은 '인도요가 수련여행을 떠난 청년'의 사례를 들려주었고, 연세대 문화인류학과의 조문영 선생은 '글로벌 빈곤의 퇴마사들'이라는 주제로 글로벌한 맥락에서 빈곤이 어떻게 재배치되고 있으며 '국제 봉사'를 떠나는 청년들이 이 문제를 어떻게 다루고 있는지에 대한 사례를 소개해주었다.

무엇보다 연구진이 공을 들인 것은 청년문제를 자각하고 있는 청년들을 모으는 작업이었다. 즉 다양한 청년들을 초대해 활발한 집단지성의 자리를 만들어가는 것이 목표였다. 온라인과 청년허브를 중심으로 청년문제에 대해 같이 공부하며 자기 생각을 말하고 싶은 청년들을 모아 이야기를 나누는 공간을 만들었으며 그 과정에서 나오는 이야기를 참여관찰하기로 했다. 이들에게 말을 걸기 위해 초대한 사람들도 청년 '문제'를 겪고 있는 청년 연구자들이었다.

잉여에 대해 박사논문을 쓰고 있는 모현주는 시간성이라는 개념을 중심으로 사회적 재생산의 위기 속에서 청년들이 스스로를 잉여라고 부르며, 미래에 대한 전망을 상실하면서 극우 성향의 청년들이 등장하고 관계의 양상까지 바뀌는 것에 대해 한일 간의 비교연구를 통해 소개했다. '일베' 연구로 석사논문을 쓴 김학준과는 청년들의 전반적인 급진화와 적대화에 대해 이야기를 나누었으며, 그 과정이 참가자들을 자극하기도 했다. 워킹홀리데이를 떠나는 청년들을 연구한 연세대 문화학협동과

정의 우승현은 아일랜드의 사례를 통해 한국을 떠나려고 하는 청년들의 이야기를 들려줬으며, 『잉여사회』의 저자인 최태섭은 혐오 문화에 대한 패널로 참석해 깊이 있는 토론을 가능하게 했다.*

시차를 두고 비슷한 궤적을 보이고 있는 일본을 파악할 필요성을 느껴서 일본의 오사카에서 DMN 연구회 문화연구자들과 청년문제에 대한 세미나를 하고 현장도 둘러보았다. 일본 측 발제자 가와쿠보 다카히로(川久保堯弘) 씨는 '블랙기업의 노동환경에서 바라본 젊은이/청년의 사회적 독립화'라는 제목으로 가혹한 노동조건을 강요하는 '블랙 기업'의 횡포에 대해 발표했다. 그는 일본의 비영리 민간단체(NPO)인 'POSSE'에서 활동하는 활동가이다. 일찍이 개인과 개인주의적 문화가 완성된 일본의 경우 한국과 달리 '사회를 포기한다'는 것이 큰 충격으로 다가오지 않으며 심지어 그것은 아무 의미가 없다는 것을 확인한 것이 수확이었다. 사회에서 발생한 문제를 이미 개인이 감당해야 하는 것으로 인식하는 문화가 일정하게 정착된 사회인 셈이다.

이런 과정을 거치면서 우리 연구진은 한국의 청년문제는 선진국의 문제를 뒤따라가는 형태가 아니라 선진국을 앞질러가고 있다고 판단했다. 세계적으로 유례없이 빠른 경제성장을 달성했지만 시민성과 공공성을 방기한 사회답게 망가지는 속도 역시 초고속이고 압축적이어서 다른 사회에서 참조할 것을 찾기는 힘들다는 생각을 하게 되었다. 한국의 청년

---

* 우리 연구의 논의에 기여한 이들 젊은 연구자들의 흥미로운 연구는 모현주 「저생산 시대 한일 청년 잉여 세대의 등장과 시간성의 문제」, 『창조적 공동체를 살다/살리다』, 비매품 2013; 최태섭 『잉여사회』, 웅진지식하우스 2013; 김학준 『인터넷 커뮤니티 '일베저장소'에서 나타나는 혐오와 열광의 감정동학』, 서울대학교 사회학과 석사학위논문(2014); 우승현 『한국 청년의 임시 이주와 글로벌 이동 경험: 아일랜드에서의 워킹홀리데이와 어학 연수 사례를 중심으로』, 연세대학교 문화학협동과정 석사학위논문(2015)을 참조하라.

상황을 설명하기 위해 서구나 일본의 언어에 기대는 것으로는 부족하다는 말이다. 오히려 한국이 망가지는 것을 보며 다른 사회가 참조하는 사태가 벌어진 것이다.

이것은 한국의 상황을 특수화하여 한국만의 탈식민화된 국지적 이론이 필요하다는 것과는 다른 문제의식이다. 오히려 한국이 다른 사회가 겪을지도 모르는 일을 앞질러 경험하고 있으며, 그 현실은 연구자들의 언어와 담론을 앞지르고 있다. 그렇기에 한국의 사례를 특수화하는 것이 아니라 선도적인 현상으로 바라보며 언어를 만들어내야 한다는 문제의식을 갖게 되었다. 청년들의 언어는 앞에서 이야기한 것처럼 연구자들의 언어를 앞질러가고 있었다. 연구진은 노오력, 노답, 헬조선/탈조선, ~충(벌레)이라는 파국적인 언어가 어떤 상황에서 어떤 경험을 통해 만들어졌는지 구체적인 생활세계 속에서 파악해보기로 했다.

그래서 각각의 키워드를 가지고 청년들의 이야기를 연속적으로 듣는 시간을 준비했다. 일찍이 한국에 대한 기대를 접고 용접공이 되어 호주로 '탈조선'을 준비하고 있는 청년의 이야기에서부터 이미 일본으로 '탈조선'을 한 연구자의 이야기, 호주에서의 노동 경험이 원체험이 되어 한국의 부조리한 노동 현실과 싸우고 있는 청년에서부터 학교가 얼마나 '노답'인지를 뼈저리게 경험하고 있는 특성화고등학교의 학생에 이르기까지 청년들의 이야기를 듣고 토론하는 수많은 시간을 가졌다.

이 과정에서 우리가 도달한 결론이 있다. 청년문제는 단지 일자리의 문제이기만 한 것이 아니라 한국 사회에서 앞으로의 삶이 어떠해야 하고, 어떻게 보호되어야 하는지에 대한 문제라는 점이다. 또한 한번에 해결될 수 있는 성질의 문제가 아니라 복잡한 문제이며, 긴 시간에 걸쳐 사회적 논의와 합의를 통해서만 해결될 수 있다. 따라서 청년문제를 청년의 문제로 바라볼 것이 아니라 앞으로 한국 사회의 기본 설계에 대한 문제로 바라봐야 한다는 것이 연구진의 공통된 생각이다.

청년실업과 삶의 양극화와 불안정성 문제는 한국만 겪고 있는 일이 아니다. 대부분의 국가들이 겪고 있는 지구적인 차원의 문제이다. 경제위기를 겪고 있는 국가에서는 청년실업률이 무려 50퍼센트에 달하는 경우도 있으며 상대적으로 안정적인 국가들도 사회를 위태롭게 하는 가장 시급한 문제로 청년문제를 꼽는다. 사회의 바깥으로 밀려나는 청년들에 의해 청년실업이 경제적인 문제를 넘어 민주주의와 가치, 그리고 사회의 존속에 대한 문제로 여겨지기 때문이다.

메시아를
경계하라

청년실업 문제가 전지구적인 문제라는 것은 역설적으로 이 문제에 대한 '메시아'적 해법이 없다는 것을 의미한다. 즉 한번에 해결할 수 있는 그런 해법이 없다는 것이다. 만약 그런 해법이 있었다면 진즉에 그 해법이 '전지구화'되었을 것이다. 세계적으로 저명한 경제학자에서부터 사회학자, 미래학자 등 모두가 다 한마디씩 하지만 여전히 명쾌하게 이 문제를 해결한 사회가 없다는 것 자체가 이 문제의 난해함을 역설적으로 증명하고 있다.

사정이 이렇다는 것은 청년실업 문제를 대하는 방법론과 태도가 바뀌어야 한다는 것을 의미한다. 무엇보다 청년문제를 해결하는 '메시아'가 등장하는 것을 가장 경계해야 한다. 저 숱한 전문가들도 해법을 내놓지 못하는데 자기가 해결할 수 있다고 주장하는 사람은 거짓 선지자다. 그들은 문제를 해결하는 게 아니라 청년문제를 둘러싼 사회적 적대를 심화시키거나 혼란만 더욱 부추겨 정치적 냉소주의와 패배주의만 더 퍼트릴 가능성이 높다.

그렇다고 패배감과 허무주의에 젖을 필요는 없다. 메시아적 해법이 없다는 것을 인정하는 데서 이 문제를 해결해가는 단초가 잡힐 수 있다. 즉 한 방에 이 문제를 해결할 수 없다는 것을 인정하는 대신 이 문제를 해결하기 위해 사회가 같이 노력하자는 메시지는 던질 수 있다. 어려움을 견뎌낼 수 있는 것은 비록 아직 해법이 보이지 않는다고 하더라도 그 문제를 해결하기 위해 사회가 함께 애를 쓰고 있다는 것에 대한 신뢰가 있을 때이다. 지금 우리 사회에 결정적으로 부족한 것이 바로 이 신뢰에 대한 정치적 메시지가 아닌가?

이런 점에서 우리 연구진은 청년들에게 필요하고 또 청년들이 요구해야 하는 것은 '분노'가 아니라 그들의 삶이 보호될 수 있다는 것을 조직하는 일이라고 생각했다. 이미 청년들 내부에서 분노가 아니라 보호를 조직하는 운동들이 시작되었다. 청년유니온이나 민달팽이유니온 같은 운동이 대표적이다. 20대 미디어를 표방하는 미스핏츠는 동아시아를 돌아다니며 같은 처지의 청년 주거문제를 취재하여 사회적으로 주목받는 저서[3]를 만들기도 했다. 이런 노력들이 '분노'를 넘어 '보호를 조직'하는 활동이 되고 있다. 청년문제를 개인의 '노오력'이 아니라 공동의 노력으로 풀어나가기를 시도하자는 사회적 해법에 대한 신뢰를 청년들이 가질 수 있게 하는 정치적 메시지가 되는 활동이다.

3포니 5포니 N포니 하는 수많은 포기 속에서 결정적으로 '사회'를 포기하게 된 청년들이 사회적 해법에 대해 신뢰를 가지게 된다면 그 값어치는 돈으로 매길 수 있는 것이 아니다. 이 신뢰를 회복할 때에만 청년들이 자신들이 살고 있는 도시를 '공통'의 것으로 가꾸기 위한 '공동'의 노력을 기울일 수 있기 때문이다. 이 연구가 냉소와 포기 그리고 혐오를 넘어, 보호가 조직될 수 있는 신뢰를 회복하는 데 기여하기를 바란다.

01

무너지는 근대의 신화

'노오력'이 삶을 보호할 수 있을까?
최은주_하자센터 창의허브팀장

직접 듣다 '노오력'의 비용
천주희_독립연구자, 연세대 문화학협동과정 석사

우리집 가훈은 여느 집과 마찬가지로 '근면·성실'이다. 부모님은 신분제를 타파한 근대국가의 성립기이자 일제강점기 후반에 태어났다. 한국전쟁 당시 폭격으로 집을 잃고 피난길에 올랐던 어머니, 전쟁통에 일터와 일감이 일순간에 사라져 하루아침에 알거지가 되었다는 아버지의 이야기는 익히 들어온 '특별한' 이야기이다. 전쟁이 불러온 엄혹한 가난을 경험했던 부모님은 가난을 벗어나기 위해 끊임없이 노력했고, 그 노력이 몸에 배어 여전히 노력하며 살아가신다. 어머니는 아직도 학교에 납부하는 '월사금'을 제때 가져가지 못해, 교실 밖에서 벌을 서야만 했던 유년의 기억을 떠올리신다. 부모 세대에게 가난한 삶은 모욕적인 삶이었고, '노력'이란 가난이라는 '모욕적 상황'의 탈출구였다. 그렇기에 식민지배와 동족상잔의 전쟁을 이겨내고, 세계의 원조를 받는 가난한 나라에서 선진국 대열에 합류할 만큼 눈부신 성장의 시기를 살아온 우리의 부모님에게 '노오력'해도 나아질 것 같지 않은 '헬조선'의 현실을 설명하는 것은 난감한 일이다.

'노오력'이 삶을
보호할 수 있을까?

2015년 최고의 유행어를 꼽으라면 단연코 '헬조선'이다. 2014년 12월 처음으로 기사에 등장하더니, 2015년 6월부터 2016년 2월 현재까지 '헬조선'을 포함한 기사는 6,000건이 넘는다. 하루 수십 건의 기사가 매일같이 쏟아지고 있다. 취업대란, 청년 명퇴, 위계적 조직문화, 저출산, 치솟는 주거비, 자살률, 취약한 사회 안정망, 사회 양극화 등등 일일이 나열하기도 힘든 한국의 사회문제를 '헬조선'이란 단어 하나로 흡수해버렸다. 청년들 사이에서 먼저 회자되었지만 한국 사회를 해부하는 보편적인 키워드가 된 것이다. 인터넷에서 '헬조선'이란 말보다 더 많이 회자되는 말이 있다고 한다. 바로 '노오력'이다.[1] 헬조선이 처해 있는 현실이자 삶의 조건이라면, 노오력은 지옥의 늪에 빠진 이들에게 할당된 몫이다.

노력의 신화,
하면 된다

중세까지 사람들의 운명은 신분에 의해 결정되었다. 개인이 아무리 노력한다 해도 신분의 벽을 넘을 수 없었다. 그러나 근대 자본주의 사회는 신분의 벽을 허물고 개인이 노력하면 얼마든지 성공할 수 있다는 것을 약속했다. 근대는 노력에 대한 약속이며 노력의 결과물인 셈이다. 동시에 '일하지 않는 자는 먹지도 말라'라는 말이 보편적 윤리가 되었고, 게으름은 살인보다 더 강력하게 처벌받는 죄악이 되었다.

우리에게도 근대의 소산인 노력의 신화가 이어졌다. '하면 된다'가 그것이다. 근대 여명기 식민지 조선의 지식인들은 문명한 서구인에 비해 미개하고 게으른 조선인을 근대적 노동자로 개조하여 조국의 근대화를 이룩하자고 호소했다.[2] 해방 후에는 천만 관객이 보았다는 영화 「국제시장」에서처럼 수많은 국민들이 가족의 생계를 지켜내기 위해 '하면 된다'라는 신념으로 그야말로 목숨을 걸고 노력했다. 부모 세대는 그들 스스로 자부하듯 마침내 일가를 이루고 경제성장을 이뤄낸 주역이었다.

제가 노력하면서 살 수 있었던 건 엄마 덕분이었던 것 같아요. 제가 졸업 앨범에 부모님은 매우 '성실'하시고 어머니를 존경한다고 썼어요. 저희 엄마가 대표적인 자수성가의 아이콘이시거든요. 중학교도 졸업 못하신 시골 출신이신데, 서울에 와서 열심히 열심히 (식당 일하며) 살아오셨고, 서울에 있는 주상복합 아파트를 마련하셨죠. 자식을 위해 가장 열심히 사셨던 분이세요. 제가 열심히 산다는 것을 좋은 덕목으로 내면화할 수 있었던 건 어머니 덕분이에요. 정말 노력하는 것을 보며 자랐거든요.

— 헬조선 포럼, '노오력' 세션 참가자 A[*]

A의 어머니 같은 '자수성가'의 성공 신화가 이 마을 저 마을에 넘쳐났다. 자수성가한 부모 세대들은 '하면 된다'라는 신화를 자녀들에게 몸소 보여주었다. 성공 신화는 두 가지 차원에서 쓰여졌다. 하나는 밑천 없이 시장에 뛰어들어 돈을 버는 것, 다른 하나는 죽어라 공부해서 부와 명예를 거머쥐는 것이었다. 개인의 성공을 위한 노력이 아니어도 사회의 부조리와 부정의에 맞서 헌신적으로 노력한 이들 역시 또 다른 성공 신화를 써나갔다. '억울하면 출세하라'라는 말은 가난에 대한 모욕, 배운 자들의 위세, 부패한 권력의 횡포로부터 벗어나기 위한 만사형통 해결책으로 제시되었다.

학력주의 신화,
배워야 사람 된다

가난했던 국가와 개인은 성실하고 근면하게 노력한 결과로 전세계에서 유래 없는 기적적인 경제성장과 부를 축적할 수 있었다. 그 과정에서 한국의 '대학'은 단기간에 물

---

[*] 헬조선 포럼은 이 책의 필자들이 연구의 피날레를 장식하기 위해 기획한 행사로 '노오력' '탈조선' '노답' '~충'을 주제로 2015년 10월 3일과 4일 양일간 비공개로 진행되었다. 그 자리에서 만난 헬조선에서 노오력하다 탈조선을 꿈꾸는 젊은이들은 우리 사회의 미래를 그려보고자 했던 연구진 모두에게 충격을 주었다.

질적 부와 사회적 지위를 획득하기 위한 계층 상승의 수단이었다. 학력으로 인한 급격한 계급 분화를 몸소 경험한 이들, 특히 베이비붐 세대는 '대학 진학이 사회경제적으로 커다란 수익을 안겨주리라는 강력한 믿음'을 갖게 되었다.[3] 국가 역시 대학을 진리와 학문을 탐구하는 자율성을 가진 '상아탑'이 아니라 '조국의 근대화' 즉 경제성장에 필요한 '인재를 양성'하고, 국가 발전에 복무하는 기관으로 관리했다.[4]

학력은 '출세'의 지름길이자, 부가가치가 높은 지식노동을 할 수 있는 자격 인증서가 되었다. 30퍼센트 미만에 머무르던 대학진학률은 1980년대 이후 급속히 상승했고, 1990년 이후 고등교육이 팽창하면서 대학 졸업장의 가치는 이전에 비해 떨어졌다. 그러나 다수가 소지한 자격증이 되었기에 오히려 필수적인 것이 되어버렸다.[5] 2001년 이후 현재까지 합격자 기준 대학진학률*은 70퍼센트 이하로 내려간 적이 없다. 2008년에는 83.8퍼센트라는 기록적인 수치를 보여주었다. 그 결과 1990년대 중반까지는 고등학교를 졸업한 일부만이 대학에 진학할 수 있었지만 2000년대에는 고등학교를 졸업하고 대학에 진학하는 것이 오히려 일반적이라 여겨지게 되었다. 2000년대에 20세를 맞이한 에코 세대**라 불리는 베이비부머 자녀들은 대학을 하나의 생애사적 과정으로 인식한다.

---

* 대학진학률은 1980년 27.2퍼센트, 1990년 33.2퍼센트, 1995년 51.4퍼센트, 2000년 68퍼센트로 꾸준히 상승하다가 2001년 70.5퍼센트, 2002년 74.2퍼센트, 2003년 79.7퍼센트, 2004년 81.3퍼센트, 2005년과 2006년 모두 82.1퍼센트, 2007년 82.8퍼센트, 2008년 83.8퍼센트, 2009년 81.9퍼센트, 2010년 79퍼센트였다. 2010년까지는 합격자 기준 통계이고, 2011년부터는 등록자 기준으로 바뀌었다. 이후 대학진학률은 2011년 72.5퍼센트, 2012년 71.3퍼센트이다.
** 2010년 통계청이 주관하고 지방자치단체가 실시한 「2010 인구주택총조사」에 의하면 베이비붐 세대는 1955~63년 시기에 9세 연령인 인구집단을 말한다. 베이비붐 세대의 자녀인 에코 세대는 1979~92년 시기에 14세 연령인 인구집단으로 정의했다. 일반적으로 에코 세대는 1980년대에 태어난 이들을 가리킨다.

에코 세대인 정섭(1983년생)은 베이비붐 세대 생애 기획의 최대 수혜자이자 피해자이다. 그의 아버지(1955년생)는 15년 동안 자동차 정비를 하다 지금은 한 대학에서 전기 시설 관리 일을 한다. 어머니(1957년생)는 비정기적으로 판매업 아르바이트에 종사했다. 아버지가 버는 돈으로 생활을 하고 어머니가 버는 돈은 주로 저축을 했다. 아버지의 월소득으로는 세 식구가 살기 빠듯했지만, 고졸 출신의 부모님은 외동아들인 정섭의 교육비만큼은 아낌없이 지원했다. 의정부에서 중학교를 다니던 정섭은 영어 과목에서 두각을 나타냈고 가까운 서울 소재 특목고에 도전했다. 집안의 기대도 한껏 받았다.

특목고에 입학한 후 정섭은 열심히 노력해도 점점 뒤처지고 있는 자신을 발견했다. 1학년 때부터 위궤양에 시달렸고, 처음으로 '우리 집이 가난하구나'라는 생각이 들었다. 수능시험을 망친 그는 부모님과 의논 후 재수 대신 편입을 결심했다. 입시 준비하듯 집(의정부) - 편입학원(강남) - 학교(천안)를 1년간 쳇바퀴 돌다 '인서울' 전자공학과 편입에 성공했다. 그러나 문과였던 정섭에게 이공계 수업은 만만치가 않았다.

(전자공학을 선택한 이유는?) 고등학교 때부터 IT 쪽에서 일하고 싶었어요. 그래서 문과임에도 불구하고 전자공학과를 택했죠. 치기 어린 행동이었죠. 대학 들어가서 보니까 정말 잘못된 선택이었어요. 전자공학이 전부 다 수학이에요. 물리와 수학, 회로 분석 하는 게 다 수학이거든요. 회로가 있으면 회로를 식으로 표현해야 해요. 그런데 회로를 보면 뭔지 모르겠더라고요. 이걸 어떻게 접근해야 되지? 2학년 때까지 그랬죠. 편입할 때 바꿨어야 했는데, 전공을 바꾸면 필수과목을 다시 이수해야 하

는 부담도 있고요. 들었던 것 또 들으면 낫지 않을까 했는데, 두 번 들어도 모르겠더라고요. 제대 후 3학년 2학기에 올 F를 받았어요. 복학하면 여유를 가지고 계절이 변하는 것도 느끼면서 사람답게 살아보고 싶었는데… 도저히 이건 못하겠다 했죠.

힘들었지만 계속 공부하다보니 어느 정도는 할 수 있게 되었다. 졸업과 동시에 이름이 알려진 IT 중소기업에 취업도 했다. 기쁜 마음으로 열정을 다해 일했다. 얼마 전 정섭은 5년 8개월간 일한 직장을 그만두었다. 이유는 두 가지다. 첫 번째로 무엇보다 몸이 버티지를 못했다. 매일 반복되는 야근으로 건강이 악화되어 언제부턴가 월급의 반은 병원비로 나가기 시작했다.* 다른 하나는 능력 있는 선배들을 봐도 좀처럼 나아질 희망이 보이지 않는다는 점이었다. 정섭의 경우 한 달 동안 160시간 초과 근무(법정 연장근로 허용시간인 주 12시간의 약 3배)를 한 적도 있었다고 한다. 한국 IT업계의 무임금 초과노동 관행은 매우 악명 높다. 그렇다고 안정적인 미래가 보장되는 것도 아니다. 40세가 넘으면 업계에서는 '노인' 취급을 받는다. 열심히 일한다고 딱히 보람이 느껴지지도 않았다. 오히려 연애할 시간도 없이 일만 하다 늙으면 영세 자영업을 하게 될지 모른

---

* 2013년 (사)한국노동사회연구소 연구보고서에 의하면 IT업계 주당 평균 근로시간은 55~60시간, 연간 대략 3,000시간이다. 2014년 한국 전체 평균 근로시간인 2,285시간(OECD 1위, OECD 평균은 1,770시간)과 비교하면 IT업계 노동자들은 주당 11시간 이상 더 일한 것이다. 또 다른 실태조사(한국정보통신산업노동조합, 2010)에 따르면 IT 노동자 상당수는 초과근무에 따른 보상을 받는 경우가 극히 드물었고, 대부분이 만성피로(82.2퍼센트), 근골격계 질환(79.2퍼센트), 거북목 증후군(73.1퍼센트) 등을 겪고 있는 것으로 나타났다. (사)한국노동사회연구소 「사무직 근로자의 근로시간 실태조사 및 개선방안 연구: IT업종을 중심으로」, 고용노동부 2013; IT 노동환경 긴급 온라인 설문조사 결과 보고서(http://it.nodong.net/zbxe/index. php?document_srl=211783&mid=NOTICE01).

다는 위기감에 시달렸다. 그는 현재 부모님의 권유로 또 다른 '자격증'인 대학원 유학을 준비하고 있다.

아버지가 대학원에 가면 어떻겠느냐고 제안했어요. 근데 국내 대학원은 가고 싶지 않아요. (유학을 간다면 어디로?) 독일이나 북유럽. 일단은 북유럽을 생각해요. 자연환경이 좋고, 덥지 않은 곳으로 가고 싶어요. 그쪽으로 가면 취직까지 할 수 있을까 하는 의문이 드는데, 일단 그 문제는 접어두고. 제가 기대하는 부분은 체계적인 업무 프로세스와 명확한 책임 소재, 노동자 친화적인 일터, 저녁이 있는 삶이 있는 곳에서 일을 할 수 있는 거예요. 뉴질랜드도 고려해보고 있습니다. 유럽으로 간다면 박사까지 딸 생각으로 가는 거죠. 막상 기대한 것에 못 미칠 수도 있고요. 그런데 전처럼 크게 기대를 하거나, 그런 게 별로 없어요. 예전에는 다른 곳에 가면 모든 게 해결될 것이라 생각했지만. 저는 지금 공부가 하고 싶은 거고, 좀더 편한 분위기에서 교수의 일방적인 오더가 아닌, 진지한 토론과 사람 대 사람으로서의 경험을 해보고 싶거든요. 그런 환경을 경험해보고 싶고, 가능하면 그렇게 살고 싶고. 학교 명성도 신경 안 써요. 공부를 할 수 있으면 돼요.

정섭은 10대의 대부분은 대학 입시 준비를, 20대의 절반은 편입 준비와 전공 공부를, 30대에 또다시 해외 유학을 준비하며 삶을 유예하고 있다. 그는 한국에서는 다소 생소한 재생에너지 산업의 Green IT 분야를 배우기 위해 유학을 준비한다. 국내에서 이 분야의 괜찮은 회사가 있다면 취업할 생각이다. 정섭은 자신의 건강을 돌보면서도 재생에너지라는 미래의 새로운 가능성을 가진 일터를 찾기 위해 노력 중이다.

자아실현의 과제,
자기계발 하라

근대 산업자본주의 사회에서
는 일차적으로 사회 구성원을 '생산자'로 일하게 만드는 것이 중요했다
면, 소비자본주의 사회에서는 시장을 확장시키는 '소비자'의 역할을 더
욱 중요하게 여긴다. 오늘날 소비능력은 사회적 지위와 계층을 확인하
는 기준이 되었다. 소비를 통해 얻어지는 '충족감'과 '성취감'은 모든 선
택의 중요한 기준이 되었다.[6]

소비자본주의 사회, 즉 후기 근대 사회에서는 자기계발이 노력의 계
보를 이었다. 노력은 단지 성공을 위해서만 필요한 것이 아니라 자아
실현을 위해 필수적인 것으로 격상되었다. 자아실현self-realization이 '잠
재되어 있는 자아의 본질을 완전히 실현하는 일'[7]이라면 자기계발self-
empowerment은 잠재된 능력을 일깨워 자신을 향상시키는 일이다. 1990
년대 자기계발서들은 성공학이나 처세술과 같이 자신의 능력을 발전
development시키고 향상Improvement시켜 성공에 도움을 준다는 책들이었
다. 1994년 "당신의 삶을 송두리째 뒤바꿔놓을 경이로운 책"으로 국내
에 소개된 자기계발서 『성공하는 사람들의 7가지 습관』은 전세계적인
베스트셀러이다. '참된 변화는 내면에서부터'라며 성공을 위한 새로운
패러다임으로 '자기혁신'을 제시하는 내용이지만, 기실 성공하는 사람
들의 공통점을 매뉴얼화하여 이들을 따라하라는 메시지에 가깝다.

기존 질서에 안주하지 말고 새로운 환경에 적응하라는 메시지를 담고 있는 자기계발서 『누가 내 치즈를 옮겼을까?』는 IMF 관리체제에서 벗어난 2001년 베스트셀러 1위를 차지했다. 기업의 구조조정으로 인한 대량 해고와 노동 유연화라는 변화된 현실에서 자기계발은 성공과 더불어 '살아남기 위한 전략'으로 인식되었다. 2000년대 중후반 서점가를 휩쓴 베스트셀러의 특징은 '나만의 경쟁력을 키워 성공하는 것'이다. 『베스트셀러 30년』의 저자 한기호는 2005년 서점가는 "자기가 하고 싶은 것을 즐기되, 자신만의 능력을 표출하는 임파워먼트"를 추구하기 시작했다고 정의했다.[8] '잘 먹고 잘 살자'는 웰빙well-being 열풍은 건강은 물론 외모를 아우르는 자신의 신체 전반에 대한 자기관리의 욕망이자 요구였다.

자기계발을 위해 노력하는 것은 당연한 일이 되었다. 사람들은 성공을 넘어 자기가 하고 싶은 일을 하고 그것을 실현시켜 자신을 하나의 작품으로 만들기 위해 최선을 다해 살아야 할 의무가 생긴 것이다.[9] 노력은 윤리적인 것에서 미학적인 수준으로 끌어올려졌다. 동시에 자기계발에 힘쓰지 않는 것은 게으른 것을 넘어 한심한 것이 되었다. 이는 개개인이 스스로를 투자의 대상으로 삼게 되면서 휴식 없는 삶으로 이어졌다. 2000년대 중반을 기점으로 자기계발서를 구입하는 연령대가 30~40대 직장인에서 20대로 내려갔다.[10] 직업을 선택하는 일에서 어느 때보다 자기충족과 자기성취가 중시되었고, 대학생들은 자신이 원하는 일을 찾기 위해 고군분투했다. 또한 이를 위한 '스펙 쌓기'를 비롯하여 자기계발에 몰두하기 시작했다.

영석(1983년생)의 이력은 원하는 직업을 찾고 또 찾는 노력의 연속이다. 영석은 전주에서 고등학교를 졸업하고 서울의 한 명문대 '영문과'에

'당당히' 합격했다. 그는 애초에 대기업에 취직할 생각은 없었다. IMF 이후 빈번한 구조조정으로 대기업에 입사해도 마흔이 넘으면 명예퇴직하고 나와서 치킨집 하다가 망한다는 소리를 들었다. 영석에게는 '전공을 선택하면 전공을 살려서 취업해야 한다'는 고지식한 강박관념이 있었다. 영문과를 3년 다니다가 영어 실력을 발판으로 외교관이 되어야겠다는 생각에 수능을 보고 같은 학교의 '정치외교학과'로 재입학했다. 막상 입학을 하고 나니 '외무고시' 폐지가 결정되었고, 남은 기간 안에 합격하는 것은 '리스크'가 커서 고시 준비를 포기했다. 그는 오랜 시간 진로에 대해 고민했다. 로스쿨을 가려다 학벌주의가 심하다고 해서 망설였고, 국정원 시험을 보려니 신분도 숨긴 채 살아야 하고 정치적 줄타기도 심하다고 해서 망설였다. 졸업이 다가오자 마음이 다급해졌다. 그나마 '정치학'이 환영받는 곳은 언론사였다. 그는 결국 언론고시를 준비하여 기자가 되었다. 그러나 그 삶도 그리 탐탁지 않았다.

일이랑 휴식이랑 경계가 없어요. 그게 제일 힘들어요. 일을 딱 끝내고 마음 편하게 쉬고 그래야 하는데. 항상 새로 뭐 뜨나 체크하죠. 뭔가 뜨면 국장에게 전화 와서 다시 나갈 때도 있고. 저희는 퇴근하기 전에 새로 뭐가 떴는지 스크린해서 보고해야 해요. 재수 없는 날은 퇴근할 때쯤 사건이 터지는데, 그땐 10~11시까지 일하죠. 더 재수가 없는 날은 밤샘회의를 한다거나 회의 결과가 10~11시쯤 나오면 더 늦게 끝나고. 선배들은 어쩔 수 없다고 생각해요. 진짜 꼰대 마인드. "옛날엔 더했어. 이런 건 아무것도 아냐." (본인에게 정시퇴근이 중요한 이유는?) 기자가 평생 직업이라고 생각하진 않아요. 오래 할 생각은 있는데 60세까지 기자 직업은 불가능해요. 기자가 60세까지 언론사 안에 남아 있으면 천수를 누린 다고 하죠. 그만큼 어려워요. 어쨌든 간에 언젠가는 제2의 직업을 구해 야 하는 상황이 오겠죠. 대비를 위해 이것저것 해보고 싶은데 그 여유가 없는 것. 불가능해요. 10시에 끝나면 아무것도 못해요. (연애도 불가능하 지 않나?) 불가능하죠. 아무것도 없이 들어온 애들은 불가능. 저는 들어 오기 전에 연애하고 있었어요.

2년차 기자인 그는 배우는 과정이라 생각한다. 혼나는 일도 많다. 배 우는 것은 당연한데 육체적으로 힘들다. 2014년 한국 전체 평균 근로시 간은 2,285시간으로 OECD 1위이다. OECD 평균인 1,770시간에 비하 면 60일, 약 두 달 이상 더 일하고 있는 것이다.[11] 그는 노동 착취를 너무 나 당연하게 생각하는 한국의 노동 문화에 때때로 화가 난다. '장시간 노 동은 삶의 질을 굉장히 떨어뜨린다'며 퇴근 이후의 시간이 확보되기를 간절히 바란다. 그는 '저녁 있는 삶'이란 많은 것을 내포한 예술적인 구 호라 생각한다. 건강을 돌보고 가족을 꾸리며 내일을 준비하는 중요한 삶의 기반이라는 것이다. 퇴근 후 저녁 시간을 확보하는 것은 영석에게 '잘 먹고 잘 살기' 위해, 오늘에 안주하지 않고 현재의 치즈를 잘 관리하 며 내일의 치즈를 찾아나설 수 있는 자기계발을 위해서도 꼭 필요한 삶 의 조건이다.

그러나 미로 찾기에 나선 모든 이들이 자신의 '치즈'를 발견하고 관리 하면서 사는 것은 아니다. 출발선에 따라 그 양상은 달라진다. 이어지는 글 「직접 듣다: '노오력'의 비용」에서는 중국집 배달부에서 시작해 기자 가 되기까지 또 다른 치즈 찾기의 사례를 확인할 수 있다. 어쩌면 그것이 우리가 좀더 쉽게 만나게 되는 사례일지 모른다.

무한도전의 경쟁체제,
노오력의 외주화

'돈으로 돈을 버는' 금융시장
의 투자 법칙은 우리의 삶 속으로 깊숙이 침투했다. 학력 사회에도 변화
가 일었다. 대학은 성공의 지름길이 아니라 '자아실현'이라는 생애사의
필수 코스가 되었다. 대학 서열은 강화되었고, '좋은' 대학에 가기 위해
더 일찍 더 많은 시간을 능력계발에 몰두한다. '교육열'이라 불리는 부모
와 자녀들의 열정은 교육산업을 성장시켰다.* 노력에 대한 보상은 '인풋
대비 아웃풋' 같은 투자 대비 보상체제로 넘어갔다.

자기계발을 향해 달려가던 이들은 이제 '노오력'을 요구받는다. 더
이상 성공이나 자아실현을 위한 것이 아니다. 오로지 생존을 위한 것이
다. IMF 구조조정 과정에서 '평생직장'의 개념은 사라졌고, 불안정 노동
은 상시화되었다. 좋은 일자리를 선점하기 위한 입시 경쟁은 더욱 과열
되었으며, 좁아지는 취업문을 뚫기 위한 스펙 경쟁도 심화되었다. 타산
이 분명하지도 않은 단기 투자에 모두가 몰두하는 형국이다. 기관과 기
업, 시장과 국가는 모두 등급화·서열화되었고 그에 속한 개인들도 그러
하다. 노력은 자기계발식의 자기와의 싸움을 넘어서서 누군가를 이기지
않으면 도태되는 배틀로열의 경쟁에서 생존해야 하는 일이 되었다. 이

---

*2012년 보건복지부 실태조사에 의하면, 자녀 1인당 대학 졸업까지 22년간 양육비가 약 3억 원
으로 추산된다고 한다.

겨야만 살아남을 수 있는 경쟁에서 개인들은 각자가 동원할 수 있는 모든 자원을 끌어와 희박한 성공 가능성에 도박에 가까운 투자를 한다. 그러나 투자가 필수인 승자독식의 경쟁체제에서 한번 생겨난 격차는 어떤 '노오력'으로도 돌이킬 수 없는 장벽이 되었다.

오늘날 우리는 승자독식의 경쟁체제를 방송가의 오디션 프로그램에서 확인할 수 있다. 놀랍도록 진화하는 오디션 프로그램은 극심해지는 경쟁체제의 단면이자, 어쩌면 그 전부일지도 모른다. 문화산업의 거대한 유통구조를 장악하고 있는 대기업이 운영하는 방송 채널에서는 45개 기획사 소속 연습생과 소속사가 없는 개인 연습생까지 총 101명이 출연하여 시청자 투표로 최종 11명을 선발하는 「프로듀스 101」이라는 프로그램을 선보이기까지 했다. 이 프로그램에서 참가자는 A에서 F로 평가받는다. 등급별로 색깔이 다른 옷을 입고 등급과 소속사 이름이 새겨진 이름표를 단 채 방송에 출연한다. 국민 프로듀스의 투표로 등급 재조정의 기회를 얻을 수 있다. 높은 등급을 받고도 3일간 제대로 연습하지 않으면 떨어질 수 있고 낮은 등급도 연습하면 등급이 바뀔 수 있다. '노오력'의 최강 버전이다. 트레이너들은 '하면 된다, 포기하지 마라'라고 다그친다. 마치 콜로세움에서 살기 위해 싸우던 노예 검투사들의 생존을 건 경기를 보는 듯한 기분이 든다.

기존의 오디션 프로그램들이 개인들의 능력에 의한 경쟁을 중점적으로 보여주었다면, 「프로듀스 101」은 예비 스타를 발굴하고 스타로 키워내는 소속사들의 경쟁이 한 축을 차지하고 있다는 측면이 새롭다. 타고난 재능과 매력이 전문가들에 의해 발굴되고 다듬어져 대중의 마음을 사로잡는 순간, 문화산업의 유통구조에서는 엄청난 '부가가치'가 창출되고 기획사에게는 투자금을 회수하는 기회가 생긴다. 재능을 발굴하고 그 재능을 성장시킬 수 있는 '투자 능력'을 가진 이들이 바로 '노력'의 배후이다. 막상 재능과 성장가능성을 가진 당사자의 능력은 '부가가치'를 창출해야 할 상품이자 투자할 '대상'일 뿐이다. 투자의 대상이 된 '능력' '자기계발'과 '자기경영'의 주체는 자신의 능력을 관리자에게 위탁하여 외화/외주화할 수 있을 뿐이다.

　노동이 '가치'를 창조한다는 믿음은 근대 자본주의의 발전을 이끌었다. 노동이 가치를 생산한다는 노동가치론에 기반해 근대인들은 물질적 욕망을 실현시키고 개인의 소유권을 보장했다.[11] 그러나 오늘날의 독점적인 금융자본주의 시스템은 인간 노동의 생산 활동을 넘어서서 '부가가치'를 생산하고 막대한 부를 축적하고 독점하고 있다. 제러미 리프킨 Jeremy Rifkin의 말처럼 노동이 종말한 것이다.「프로듀스 101」이 보여주는 바와 같이 한 개인의 끼와 재능이 하나의 '상품'으로서 가치를 생산했다 할지라도 그 '부가가치'는 상품시장을 기획하고 자본을 투자한 이들이 주도권을 갖는다. 온갖 노력을 다해 자신을 하나의 상품으로 만들어내야 하는 개인의 생존은 외주화된 개인의 능력으로는 지켜낼 수 없다. 문화학자 엄기호는「노오력, 노력의 배신자」라는 제목의 칼럼에서 "노오력을 하면 살아남고 하지 않으면 도태되는 것이 아니다. 노오력하지 않으면 생존하지 못하고 배제된다. 반면 노오력하면 삶은 발가벗겨지고 법 밖으로 추방된다. 생존과 죽음 사이의 선택이 아니라 배제와 추방이라는 두 죽음 사이의 선택일 뿐이다."[13]라며 노력의 요구가 개인의 생존을 위한 것이 아님을 이야기한다. 생사여탈권을 자본이 쥐고 있는 한, 치열한 경쟁체제에서 살아남기 위해 사력을 다해 하나의 상품으로서 '개인'이 완성된들 그 상품은 자본에 유리한 방식으로 언제든 순식간에 폐기처분될 수 있다.

노오력,
사람을 파괴하다

루이스 캐럴Lewis Carroll의 동화 『거울 나라의 앨리스』의 붉은 여왕이 한 말에서 비롯된 레드퀸 효과 Red Queen Effect는 '어떤 대상이 변화하게 되더라도 주변의 환경이나 경쟁 대상도 마찬가지로 끊임없이 변화하기 때문에 상대적으로 뒤처지거나 제자리에 머물고 마는 현상'을 일컫는다.* 레드퀸 효과는 주로 진화론이나 경영학의 적자생존 경쟁론을 설명할 때 사용되다가, 최근에는 뒤처지지 않기 위해 항상 긴장하며 쫓기듯 살아가야 하는 현대인의 심리상태를 이해하기 위해 사용되기도 한다.

달리지 않으면 뒤처지고 마는 거울 나라는 그저 동화 속의 이야기인 것일까? 우리의 현실에서 찾기란 그리 어렵지 않다. 다은(1984년생)은

---

* 루이스 캐럴이 『이상한 나라의 앨리스』의 후속편으로 내놓은 동화 『거울 나라의 앨리스』는 들판에 그려진 거대한 체스판인 거울 나라에서 앨리스가 하나의 말이 되어 게임을 벌이는 이야기이다. 거울 나라의 붉은 여왕은 앨리스에게 "네가 원한다면 얼마든지 졸병이 될 수도 있고, 여덟째 칸에 도착하면 너도 여왕이 될 수 있다."라고 말한다. 앨리스는 체스판에 들어갈 것인지, 말 것인지 결정을 내리기도 전에 알 수 없는 힘에 이끌려 여왕과 함께 달리게 된다. 숨을 헐떡거리며 더이상 뛸 수 없는 상태로 한참을 달리던 앨리스가 겨우 멈춰 선 곳은 바로 처음 출발한 곳이었다. 전속력을 다해 뛰었는데도 고작 제자리라니. 이런 앨리스의 의문에 붉은 여왕은 "여기에서는 보다시피 같은 자리를 지키고 있으려면 계속 달릴 수밖에 없단다. 어딘가 다른 곳으로 가고 싶다면, 최소한 두 배는 더 빨리 뛰어야만 해!"라고 말한다. 네이버 시사상식사전 '붉은 여왕 효과' 참조(http://terms.naver.com/entry.nhn?docId=2073584&cid=43667&categoryId=43667).

노력해도 자신이 계속 뒤처지고 있다는 생각에 우울증을 겪고 있다. 그녀는 20년간 식당 보조로 일을 하고 있는 엄마와 여동생과 셋이서 10년간 단칸방에 살았다. 중학교 3학년 때 담임 선생님과 엄마와의 전화 한 통으로 실업계 진학이 '일방적'으로 결정되었다. 고등학교 3학년 여름, 다은은 100여 명 규모의 중소기업 디자인실에 잡무 담당으로 취업했다. 전임자가 이미 퇴사한 자리에 채용되었던 그녀에게 일을 가르쳐주는 이는 아무도 없었다. 혼나는 상황이 많았고, 딱히 동료라고 느껴지는 사람도 없었다. 매일매일 울면서 출퇴근했다. '돈 벌어서 대학 가야지. 대학 가서 원하는 공부를 할 거야'라는 굳은 마음으로 월급 80만 원 중 50만 원씩 적금을 부었다. 악착같이 1년 반 동안 모은 돈으로 재수학원에 등록했다. 그러나 실업계에서 배운 과목들과 너무 달라 따라잡기가 쉽지 않았다. 학원비도 만만치가 않았다. 경제적인 부담감에 학원을 그만두고 독학을 했지만 공부가 전혀 늘지 않았다. '꼴통 같은데 왜 대학에 간다 그랬지? 그냥 돈이나 벌고 있을 걸' 하는 생각과 함께 우울증이 찾아왔다. 결국 수능 전날 시험 보기를 포기하고 자살을 기도했다. 다은은 현재 우울증 약을 복용하고 있다. 여전히 식당 보조로 일하는 어머니와 하루에 두 시간 자고 일하며 등록금을 벌어 졸업한 동생과 함께 세 칸짜리 반지하 방에서 살고 있다.

사실 제가 노동하는 게, 이 나이에 가능할까 그런 생각도 많이 들고. 예전 학교 면접하는 선생님한테 무슨 얘기를 들었냐면, 스물한 살까지 회사 다니고 지금 스물다섯 살인데, 그 시간 동안 뭐했냐고, 그 나이 먹고 뭐했냐는 말을 들었는데, 뭐라고 할까, 공백을 이해 못하는 거죠. 물론 솔직하게 얘기하면 다들 뜨악해하시면서. 너 같은 애를 어떻게 뽑니? 집에 가서 마음이나 추슬러라 이렇게 하시지 않을까요? 지금 희망은 맥도날드라도 가서 청소라도 하는 게 꿈이에요. 그런데 면접을 못 넘길 것 같아요. 하하하. 상담 선생님도 그러셨는데, 잘못 뛰어들었다가 다시는 (일을) 못 할 수도 있으니까.

30대 초반인 다은은 '오늘 어떻게 돈을 벌어서 내일 어떻게 돈을 쓸 것인가를 고민하는 게 맞지, 내가 무엇을 원하는지를 알고 그것을 해나가고, 왜 사는지를 고민하는 것'이 본인에게는 적합하지도, 어울리지도 않는 사치스러운 생각이라고 말한다. 다은에게 '자아실현'은 사치가 되어 버렸다.

근대는 '하면 된다'의 노력으로 출발해 '할 수 있다'는 자기계발을 지나 '해야 한다'는 '노오력'으로 결국 삶을 파괴하는 파국에 도달했다. '모든 것을 자기가 다 할 수 있고, 해야 한다'는 강박은 제대로 성과를 내지 못한 자신에 대한 우울이나, 제 뜻대로 진행되지 않는 상황에 분노를 터트리며 자기를 파괴하는 망상으로 귀결되고 있다. 성과를 내면서 일 잘하는 사람이 되려고 노오력할수록 골병이 들거나(정섭, 영석) 자신을 탓하며 자해하거나(다은), 노오력하지 않는다고 생각하는 이들(자신 혹은 타인)에게 주체할 수 없이 화가 날 때도 있다(「프로듀스 101」). 노오력에 대한 성과를 내야 한다는 일념으로 자신들이 지금 할 수 있는 역량의 한계를 넘어 계속해서 무리수를 두게 되고 그 결과 스스로 파괴되는 것을 느끼면서 과격radical해지는 것이다.

한국전쟁의 가난을 경험한 이들에게 가난은 '모욕'이었다. 그러나 이들에게 모욕은 가난을 탈출할 수 있는 원동력이기도 했다. 노력으로 가난을 벗어나는 경험을 했던 그 세대는 가난에 대한 모욕, 그 자체에 대해서는 잘 질문하지 않는다. 오히려 더 자주 목격되는 풍경은 왜 그러한 모욕을 겪고도 '너' 혹은 '나'는 죽을 힘을 다해 노력하여 탈출하지 않느냐는 핀잔이다. 사회와 구조의 문제마저도 하나의 개인일 뿐인 '나'에게로 국한시켜 자신의 문제로 끌어안아버린다. 개인의 능력에 대한 과잉 믿음을 가진 세대가 그 자녀 세대를 죽음으로 몰아가고 있는 걸까?

새로운 가치의 생산과
사회적 관계로

　　　　　　　　　　노력은 더이상 노력하는 자가 주관적으로 느끼는 자신감·자존감에 대한 자기 신뢰의 영역이 아니다. 노력은 주관적인 것이 아니라 성과를 통해 객관적으로 측정 가능한 것이 되었다. 뒤집어 말한다면 성과를 내지 못한 것은 노력하지 않은 것이다. 성과가 노력의 결과가 아니라 노력의 척도가 된 것이다. 따라서 성과를 내지 못한 것은 도덕적으로도, 미학적으로도 생존에 대한 의지가 없는 태도로 비난받아 마땅한 것이 되었다. 그 결과 혹시 자기가 '일 못하는 사람'인 것은 아닌가 하는 열등감과 열패감에 시달리며 늘 주눅 들어 있는 이들이 우리 주변에 점점 늘어나고 있다.

노동 가치는 사회적 관계 내에서 결정된다.[14] 개인의 능력에 따라 시장이 값을 매겨주는 것이 아니다. 사회가 필요로 하는 '능력'을 합의하고 사회적으로 '가치'를 부여하는 것이다. 그러나 지금은 독점자본에 그 모든 결정권을 빼앗긴 상황이다. 사회는 실종되었고, 개인은 파국을 맞이하고 있다. 2015년 '노 멘토링, 노 힐링, 노 답'을 외치며 절망을 폭로하자는 팟캐스트 '절망 라디오'가 등장하는가 하면 '1프로가 아닌 99프로'라는 모토를 내건 '일 못하는 사람 유니온' 커뮤니티가 등장했다. 이들은 모두 파국을 맞이한 개인들의 '노오력'에 대해 저항한다. '절망 라디오'는 말 못할 비밀이 되어 혼자만 간직하고 있던 '절망' 자체를 공개적으로 꺼내어봄으로써 사회적 유대감을 회복하기도 하고, '일 못하는 사람 유니온'은 일 잘하는 사람이 극소수에 불과하다면 '일 못하는 사람'들이 그 사회의 기준이 되어야 한다며, 사회의 기본값을 설정하는 방식에 대해 문제를 제기한다. 인간은 한계를 가진 존재들이며, 그 한계를 안고 자신을 만들어가고 서로의 부족한 능력을 메우며 자긍심을 느낀다. 그것은 자기를 사랑하고 보존하는 방법이기도 하다. 문화학자 엄기호의 말대로 우리에게 필요한 것은 노오력하는 것도, 노력하지 않는 것도 아니다. 무엇을 선택하건 죽음으로 귀결되는 이 선택지를 거부해야 한다. 우리가 선택해야 하는 것은 언제나 삶이기 때문이다.

'노오력'의 비용

부채인생, 그 삶과 조건에 관한 에세이

　　　　　　　　　　　2013년 겨울, 몇 년 만에 대학 친구를 만났다. 당시 나는 대학생과 부채에 관한 석사논문을 준비하고 있었는데, 온라인에 낸 연구 참여자 모집 공고를 보고 연락해온 것이다. 그의 이름은 우기람(가명, 1982년생), 2007년 경제학과에 편입했다. 기람 씨를 다시 만난 곳은 신촌역이었다. 그는 대학 때부터 이대 부근에 월세를 얻어 살고 있었다. 오래되고 낡은 집이지만, 석 달 이상 월세를 내지 못할 때에도 주인집 아주머니가 쫓아내지 않아서 몇 년째 살 수 있었다고 했다. 우리는 대학에 다니는 동안 서로 빚을 지고 있다는 사실을 몰랐다. 더욱이 청년 부채 연구자와 연구 참여자로 다시 만난 상황은 서로에게 흥미로웠다. 몇 년 전만 하더라도 전혀 예상하지 못한 상황이었기 때문이다.

"내 꿈은 항상 부채가 딸려오는

패키지 상품"

인터뷰를 시작하면서, 나는 그에게 대학을 다니는 동안 어떤 경로로 얼마큼의 빚을 졌는지 학자금 대출과 생활비 대출에 대해 물었다. 그런데 그는 대답 대신 고등학교를 자퇴하고 중국집 배달부에서 바텐더, DJ, 공장, 공사판을 전전한 이야기를 시작했다. 그의 어린 시절 이야기가 부채와 무슨 관련이 있는지 좀처럼 가늠하기 어려웠지만 끊지 않고 계속 듣기로 했다. 그가 한 시간 반 동안 들려준 이야기는 고등학교를 자퇴한 아이가 우여곡절 끝에 대학에 진학하고 졸업하기 위해 얼마나 열심히 살아왔는가에 관한 것이었다.

그의 아버지는 H건설회사 노동자였고, "육체노동을 했지만 수입은 적지 않은 편"이었다. 그가 인문계 고등학교에 진학했을 때, 아버지는 "열심히 해서 대학에 가라"며 내심 자신을 '집안의 희망'이라고 여기기도 했다. 그런데 아침부터 밤 10시까지 빡빡하게 돌아가는 고등학교 생활은 그에게 견디기 어려운 것이었다. 라디오를 듣고, 책을 읽는 시간이 유일한 낙이었던 그는 교과 공부만 '공부'로 생각하는 아버지의 태도가 싫었다고 한다. 그 시기 부모님의 잦은 다툼으로 집에 있는 것도 불편해졌다. 기람 씨는 결국 고1 수학여행 때 친구와 가출을 했고, 가족과 단절된 채 살기도 했다.

한번은 친구와 공장에서 일을 했는데, 그때 처음으로 꿈이 생겼다고 했다. 그것은 바로 대기업 공장 정규직 노동자가 되는 것이다. 기람 씨는 남들보다 일하는 속도가 빨라서 항상 자신의 분량을 일찍 끝내고, 다른 사람을 도와주곤 했다. 그를 지켜보던 관리자는 정규직 직원이 장기휴

가로 자리를 비울 때, 그 자리를 기람 씨에게 맡겼다. 기람 씨는 몇 달 동안 정규직 일을 대신하면서 '계약직보다 일이 더 수월하지만, 월급은 오히려 정규직이 더 많이 받는'다는 것을 알았고, 이 정도라면 자신도 정규직에 도전해볼 만하다고 생각했단다.

그의 첫 월급은 50여 만 원. 그 돈으로 먼저 컴퓨터를 샀다. 동영상 강의를 듣고, 책을 구해서 공부를 시작했다. 방 세 개짜리 기숙사에서 공동생활을 하던 그는 항상 "시끌시끌"한 동료들과 관리자의 감시로 대놓고 공부를 할 수 없었다. 그의 하루 일과는 대체로 8시 반에 출근해서 5시 반에 끝나면 저녁을 먹고 바로 취침에 들어가는 것이었다. 그리고 모두가 자는 12시에 일어나서 새벽 6시까지 공부를 하고 조금 쉬다가 일을 하러 나갔다. 당시 기람 씨는 납땜하는 일을 했는데, 자주 졸아서 혼나기도 했단다. 몇 달 동안 주경야독의 삶은 반복되었고, 고단한 생활 끝에 기람 씨는 고등학교 졸업자격증을 취득했다.

일자리를 알아보는데 검정고시는 안 뽑아준다는 거예요. H아산공장에 썼는데 떨어지고, 다른 공장에 지원했다가 또 떨어지고. 목표는 삼성 공장 정직원이 아니라도 협력업체에라도 들어가는 거였는데. 들어가면 장가가는 것도 걱정 없을 거라 생각했거든요. (웃음) 공장에서 일하더라도 정규직만 된다면 결혼하고, 가정 꾸리고.

고등학교 졸업장만 있으면 협력업체에라도 정규직으로 들어갈 수 있을 줄 알았지만 현실에서 그를 받아주는 곳은 없었다. 그는 첫 번째 꿈이 좌절되자 다시 여기저기를 전전하며 일자리를 찾았다. 당시 부동산 열풍으로 공인중개사가 주목받는 직종으로 떠오르고 있었다. 그는 그 일이라면 다시 도전해볼 만하다는 생각이 들어 전처럼 낮에는 공장에서 일을 하고 밤에는 공인중개사를 준비하는 생활을 반복했다. 시험만 통과하면 안정적인 소득을 얻을 수 있을 거라고 판단한 것이다. 하지만 시험에도 떨어지고, 다른 일자리를 찾아보았지만 주로 밤에 하는 주류업종을 벗어나지 못한다는 것을 깨달았다고 한다.

그가 유년 시절 경험한 한국 사회는 "구조적으로 대학을 나오지 않은 사람은 대학을 나온 사람 임금의 60퍼센트 정도밖에 받지 못하고" 정규직 노동자도 되기 힘든 곳이었다. 그는 '이렇게 살면 미래가 없을 것 같다'는 생각이 들어 대학에 진학했다고 한다. 적어도 대학을 나오면 다른 삶을 시도해볼 수 있을 것 같다는 생각이 들었기 때문이다. 결국 기람 씨는 전문대를 거쳐 4년제 대학에 편입했고, 졸업 후에 기자가 되었다. 기람 씨는 자신이 대학에 갔기 때문에 기자가 될 수 있었고, 떠돌이 생활에서 벗어날 수 있었다고 했다.

> 만약 과거의 나였다면. 내가 정규직 노동자가 되겠다고 아등바등할 때였다면 빚 같은 건 상상도 못했겠죠. 선택지가 두 가지가 있었어요. 지금 그냥 돈을 벌어서 빚 안 지고 그럭저럭 살래, 아니면 대학 가서 뭔가 다른 걸 도전해볼래. 꿈을 표출하려면 당연히 빚은 따라오는 거예요. 소득이 없으니까. 부모가 잘나지 않은 이상. 내 꿈은 항상 부채가 딸려오는 패키지 상품인 거예요.

그에게 대학이라는 꿈은 '부채가 포함된 패키지 상품' 같은 것이었다.

막상 기자가 되었지만, 한 달 월급은 약 160만 원. 학자금 대출 20만 원, 월세 30만 원, 그리고 각종 공과금 등 매달 정기적으로 지출해야 하는 돈이 컸다. 기자 월급으로 생활을 꾸려가기에는 역부족이었다고 한다. 그가 생활을 하기 위해서는 한 달에 200만 원이 필요한데, 늘 적자가 생겨 빈 부분을 카드로 채워가고 있었다. 더구나 취직하기 전에 밀린 월세 90만 원, 상환해야 할 학자금 대출 200여 만 원, 취업 준비를 하는 동안 신용대출로 빌렸던 돈까지 갚아야 하니 160만 원으로는 어림도 없었다. 기자가 된 이후에는 취재 비용이 추가되어 지출이 급격히 늘기도 했다.

기람 씨는 공장에서 계약직으로 일하면서 '정규직 노동자'라는 꿈을 가지고 살 때에는 기숙사 생활을 했고 마땅히 쓸 곳도 없었다고 한다. 한 달에 50~80만 원을 받으면서도 돈을 저축할 수 있었고, 공장을 나올 때 몇 백만 원을 모을 수 있었다. 그때만 하더라도 자신에게 "빚은 상상도 못할 일"이라고 했다. 그는 대학 이전의 삶을 '돈벌이만 보고 살았던 삶'이라고 표현했는데, 돈을 모아야겠다는 맹목적인 목표 대신 "다른 생각을 갖고 뭔가 인생을 바꿔보겠다는 생각을 할 때" 빚이 쫓아오기 시작했다고 했다.

기람 씨는 자신이 대학에 진학하면서 빚을 지게 된 이유에 대해 다음과 같이 말했다. 1) 꿈을 좇았으니까 2) (가족 및 경제적) 기반이 튼튼하지 않았으니까 3) 그럼에도 불구하고 꿈을 '선택'했으니까. 그의 경험에서 고졸로 살았던 삶은 빚을 지지 않고 돈을 모으면서 살 수 있지만 "사회적으로 천시를 받는 위치"의 삶이라고 했다. 국회에서 기사를 쓰고 있는 자신을 보면서, "비록 월급은 많지 않아도 중국집 배달부였던 아이가 지금은 권력의 중심이라는 국회에서 기사를 쓰고 있다니! 이 정도면 '성공한 삶'이다."라고 생각했던 때를 잊지 못한다고 했다. 꿈을 좇았기 때문에 성공할 수 있었다는 것이다. 하지만 그도 알고 있었다. 이런 성공한 삶은 "남들에게 보여지는 삶"이고, 현실에서는 늘 빈곤과 마주해야 하는 삶이라는 것을.

"꿈에 투자하세요, 당신의 꿈을 응원합니다"

오늘날 '꿈'이란 기람 씨처럼 성공을 위한 발판이기도 하고, 때로 새로운 삶을 시도하기 위한 기회이기도 하다. 그마저도 없으면 아무것도 아닌 사람처럼 여겨진다. '꿈'은 끊임없이 자신이 무언가 하고 있음을 증명해야 하는 기제이자, 사회에서 탈락하지 않기 위해 있는 척이라도 하면서 살아가야 하는 그 무엇이 되어버렸다. 그리고 그 꿈은 대체로 '대학'이라는 시공간을 거쳤는가 아닌가에 따라 평가되는 듯하다. 그러다보니 어느덧 대학은 '선택'이 아니라 '필수'로 거쳐야 하는 생애경로가 되어버렸다. 대학진학률이 70~80퍼센트를 넘는 것도 이처럼 꿈을 강요하고, 그것에 투자하고, 응원하는 사회에 의해 만들어진다. '학력주의'는 하나의 이데올로기를 넘어 삶의 전반을 구성하는 또 하나의 조건이 되어버린 셈이다.

기람 씨는 어느 날 공사장에서 일을 하다가 지나가던 대학생들을 보며 '나도 저렇게 평범하게 살고 싶다'는 마음이 생겼다고 한다. 흙먼지 날리고, 페인트가 덕지덕지 달라붙어 있는 곳에서 폐기물을 치우고 있는 자신의 모습이 초라해 보였던 것이다. 그에게 평범한 삶이란, 또래

친구들처럼 대학에 가고, 대학 졸업 후에 취직도 하고, 남들과 비슷하게 사는 것이라고 했다. 당시 그는 돈이 없었지만, 대학을 가기로 결심한 때에 아버지가 대학등록금을 지원해주었다. 그러나 아버지가 원하는 것은 전문대에서 기술을 배우는 것, 거기까지였다. 그는 방송기술을 배우는 전문대에 다녔지만, 이미 기술은 평준화되어 방송기술자는 많았고 이대로 사회에 나가면 프로덕션에 들어가 남들이 시키는 것만 하다 끝날 것 같다는 생각이 들었다고 했다. 방송국 PD나 영화감독을 보더라도 모두 4년제 대학을 나왔고, 자신이 직접 기획하기 위해서는 학력뿐만 아니라 인문학적 소양이 있어야 할 것 같았다. 기람 씨는 아버지의 만류에도 4년제 대학에 편입했고, 아버지의 지원금이 끊어진 후로 학자금 대출을 받았다.

그에게 "꿈에 투자 하세요."(한국장학재단), "당신의 꿈을 응원합니다."(K은행 광고) 같은 문구는 자본주의의 상술이지만, 부정할 수 없는 수단이자 잡아야 하는 것이었다. 한국에서 학자금 대출을 통해 대학등록금과 생활비를 마련하는 대학생이 증가하고 있는 것은 어제오늘 일이 아니다. 한국장학재단, 공무원연금공단, 은행, 소액대출 시민단체 등 대학생을 대상으로 대출사업을 진행하는 곳은 많고, 비공식 경제 영역에서 이루어지는 대출사업까지 성행하고 있어 정확한 통계를 추산하기 어려울 정도이다.

한국장학재단은 국가에서 운영하는 학자금 대출기관이다. 대학생 대출사업으로는 국내 최대 규모이다. 다음 면의 〈표 1〉에서 보는 것처럼, 2010년에는 70만 명의 학생들이 3.7조 원을 대출받았고, 2014년에는 152만 명의 학생들이 10.7조 원을 대출받았다. 5년 사이 학자금 대출을 받은 학생 수는 약 2배 이상, 금액은 약 3배가량 증가했다. 앞으로 대학 등록금이 대폭 줄어들거나, 학자금 대출금을 탕감하는 일이 있지 않는 이상, 상승곡선은 지속될 것이다.

구분 \ 연도	2010년	2011년	2012년	2013년	2014년
대출자 수(만 명)	70	95	118	136	152
대출액(조 원)	3.7	5.9	7.4	8.8	10.7
신용유의자 수(명)	26,097	31,363	40,419	41,691	20,231
연체액(억 원)	1,362	1,656	2,325	2,595	1,252

〈표 1〉 2010~14년 한국장학재단 학자금 대출 현황[*]

나는 학생 부채에 관한 연구를 진행하면서, 연구 참여자들에게 학자금 대출은 "어쩔 수 없는 선택"이었다는 말을 종종 들었다. 나 또한 대학을 다니기 위해 2,200만 원의 학자금 대출을 받았다. 어찌할 수 없는 상황이라는 것은 비단 연구 참여자들이나, 나만의 문제가 아니다. 대학등록금 1,000만 원 시대에 그 비용을 지불할 수 있는 가족과 개인이 과연 몇이나 되겠는가. "어쩔 수 없는 선택"이란 점점 올라가는 대학등록금을 지불하는 사람들의 소득이 점점 줄어들거나 불안정해져서, 결국 학자금 대출로 대학등록금을 내도록 하는 '강요된 선택'이다.

그러나 문제는 이들이 졸업을 하고 취업시장에 나갔을 때 발생한다. 2015년 4월 통계청이 발표한 고용동향보고서에 따르면, 청년실업률

---

[*] 2014년 신용유의자 수와 금액이 줄어든 것은 장기연체자를 대상으로 국민행복기금으로 채권을 매각하고, 나머지 금액을 최장 10년 동안 분할상환하도록 조정했기 때문이다. 「학자금 대출 현황 정보공개청구자료」(대학교육연구소 2015)에 수록된 표 재편집.

은 10.2퍼센트로, 1999년 이후 최고치를 기록했다. 최근 한 신문에서는 2016년 2월 청년실업률이 12.5퍼센트로 역대 최고치를 기록했다고 보도한 바 있다. IMF 이후 청년실업률이 11.5퍼센트였던 점을 감안하면 현재의 청년실업률은 'IMF 외환위기' 때보다 더 심각하다.[1] 대학을 졸업해도 취업시장의 문턱을 넘는 일이 요원할 뿐만 아니라 취직이 된 후에도 저임금 구조에 처하게 된다. 고용노동부에서 조사한 노동시장의 임금은 (시급으로 환산했을 때) 고등학교 졸업자는 1만 1,336원, 전문대 졸업자는 1만 3,570원, 대학 졸업자는 1만 8,669원, 대학원 졸업자는 2만 8,966원으로 나타났다.[2] 4년제 대학 기준으로 대학 8학기, 대학원 4학기를 다니는 동안 몇 천만 원의 등록금을 내면서 빚을 지지만, 이처럼 낮은 시급으로는 그 비용을 회수하거나 상환하기도 어려운 실정이다. 그뿐 아니라 노동 유연화로 1~2년 사이에 직장을 그만두거나 이직하는 과정에서 상시적 실업을 경험하게 되었으며, 임금·노동기간·복지 등 노동의 안정성도 보장받기 힘들어졌다. '꿈을 위해 투자'했지만, 상환이 불가능한 구조적 조건에서 청년빈곤화가 심각한 사회문제로 부상하고 있으며, 그 문제의 한 축에 부채가 뿌리를 내리는 중이다.

내 꿈은 사실, 왜 정규직 노동자가 되는 게 꿈이었냐면… 정말 갖고 싶었던 거예요. 평화로운 가정. 어릴 때 어머니가 돌아가시고, 아버지는 재혼하셨고. 열여덟 살 때 이혼하셨고. 가정이 불안정했기 때문에 내 목표는 '행복한 가정을 꾸리고 싶다'는 거였어요. 제가 되게 몸이 아파 가지고 기숙사에 누워 있는데 누구 하나 나를 간호해줄 사람이 없는 거예요. 이때 나에게 엄마가 있었다면, 아내가 있었다면 이런 생각을 했단 말이에요. 그래서 성공을 해야 된다. 공부를 해야 된다. 되게 서럽거든요. 아플 때 전화할 사람이 없다는 거, 나를 돌봐줄 사람이 없다는 거, 내가 너무 힘들고 휴식을 취하고 싶을 때 찾아갈 곳이 없다는 거. (…) 내가 꿨던 꿈이 대단한 거 아니잖아요. 그냥 좋은 가정 꾸리고 싶고, 애들한테 번듯한 직장 있어야 꾸릴 수 있으니까. '안정적인 직장에서 안정적으로 붙어서 숨 쉬면서 살 수 있으면, 가정 꾸릴 수 있으면. 가정에서 행복 찾고' 이런 꿈을 꾸게 되는 거예요. 빚이라는 게 사실 쫓아오는데.

기람 씨는 자신이 바라던 꿈은 거창하거나 호화스러운 것이 아니라고 했다. 대학 나오고, 취직하고, 연애하고, 결혼하고, 가정을 꾸리고, 그곳에서 행복을 찾고 싶은 삶. 어찌 보면 이런 삶은 '선택'이 아니라 누구나 바라는 평범한 삶이자, 인간이 삶을 안정적으로 재생산하는데 필요한 조건이다. 그러나 삶을 재생산하는 일이 누구에게는 '꿈'이라고 불릴 만큼 아주 거창한 것이 되어버렸고, 거기에 필요한 비용을 오롯이 개인이 부채로 부담하고 있는 것이다. 그는 어릴 때부터 가족과 헤어지고, 그 어떤 사회적 안전망 없이 삶이 위태로울 때마다 더 열심히 공부해서 장학금을 타고, 잠을 더 줄여서 아르바이트를 하고, 더 열심히 일을 해서 인정을 받고자 했다. 남들보다 조금 더, 더, 더, 더 노력하면서 살아야만 겨우 남들과 비슷한 평범한 길에 들어설 수 있었다. 그리고 그 과정에서 학자금 대출, 카드, 지인 대출이라는 빚이 쌓여가고 있었다.

기람 씨가 두 번째 꿈을 이뤘다고 해서 빚이 멈추는 건 아니다. 어느 날 함께 일하던 선배가 전세금을 올려달라는 집주인의 요구에 여기저기 은행 대출을 알아본 적이 있다고 한다. 선배는 결국 그만큼의 돈을 대출받지 못해 이사를 해야만 했다. 그는 선배가 "조금씩 조금씩 변두리로 밀려나는 것"을 보면서, "(내가) 결혼해도 저 선배랑 똑같겠구나. 빚이 따라 오겠구나."라는 생각이 들었다고 한다. 아끼고 아껴 대학 때 진 빚이 다 해결되더라도 결혼을 하는 데 드는 비용(예식비, 신혼여행, 전셋집 등)을 마련하는 과정은 빚의 연속이다. 또 아이가 태어나면 육아비, 교육비로 빚을 지게 된다. 끊임없이 주변부로 밀려날 것 같은 삶, 다음 단계로 넘어갈 때마다 줄어들기는커녕 늘어가기만 하는 빚은 그를 항상 "따라오는 것" "쫓아오는 것" "벗어날 수 없는 것"이었다. 부채에 대한 이런 인식은 대화를 나눌 때도 드러나곤 했다. 말을 끝맺을 때마다, "빚은" "빚은"이라는 말을 습관처럼 내뱉었다. 예전에는 보지 못했던 새로운 습관이 생긴 것이다.

> 나는 자유롭게 살고 싶은데. 내가 하고 싶은 일 하면서 살고 싶은데. 돈에 연연하지 않고 살고 싶고. 그런 꿈은 있어요. 소득을 줄이고, 내가 행복해하는 일을 하면서 살고 싶다는 생각은 갖고 있는데. 냉정하게 현실을 한번 보면, 내가 갚아야 할 빚도 몇 백만 원씩 있고. 그거는 언젠가 나한테 분명히 어느 순간에 칼이 돼서 돌아올 거란 말이에요. "너 이거 안 갚으면 안 돼."라고. 어느 순간 나한테 돌아올 텐데. 사실 두렵고. 난 그걸 항상 예견하고 있단 말이에요. 그 순간이 올 거라고. 그래서 전전긍긍하는 거고.

그의 세 번째 꿈은 소득이 줄더라도 자신이 행복해하는 일을 하면서 사는 것이다. 하지만 현실을 냉정하게 마주하면, 그는 여기까지 오기 위해 이미 많은 빚을 졌고, 앞으로 살면서 또 빚을 질 것이다. 그 생각을 하면 기람 씨는 소득을 줄여서 행복을 찾는다고 하더라도 빚과 함께 갈 수밖에 없다고 했다. 그리고 그 빚은 언젠가 자신에게 칼이 되어 돌아올 것이라는 공포와 함께 기람 씨의 삶에 머문다. '대학에서 꿈을 펼쳐보세요. 저희가 그 비용을 빌려드릴게요.(단, 상환은 꼭 하셔야 해요. 신용불량자가 되니까요.)'라는 말 뒤에 생략된 채무자의 숙명을, 기람 씨는 삶을 통해 체득하고 있었다. 그래서 빚을 지고, 빚을 상환하는 삶 속에서 그 위험성을 경계하고 긴장하며 하루하루 "전전긍긍"하며 살고 있었다.

'사라진 정치의 장소들',
그 안팎에서 꿈틀대는 '조용한 전환'

기람 씨와 내가 대학에 다니던 시절, 아마 2009년에서 2010년쯤이었을 거다. 대학에서는 '청춘' '88만원 세대'라는 말이 유행했다. 학생들의 관심사는 '청춘이 있네 없네' '대학을 졸업하더라도 월급을 88만 원밖에 못 받네, 받네'에 쏠려 있었다. 그리고 2015년, 88만원 세대라는 말은 대학에서 점점 사라지고 '금수저·흙수저'가 그 자리를 대체했다. 경제적 구조에서 취약한 위치에 놓여 있던 세대가 이제는 더욱 견고해진 경제적 불평등 구조와 만나 냉소적인 태도로 바뀐 것이다. 나에게 이런 태도의 전환은 당연하게 느껴지기까지 한다. 1997년 IMF 시기에 청소년기를 보내고, 2008년 미국발 금융위기 시기에 대학에 다닌 아이들이 마주한 세상은 어땠는가. 가계 부채는 늘어나고, 대학등록금은 인상되고, 실업률도 증가하고 있었다. 이

명박, 박근혜 정부로 이어지는 보수정권 10년. 20대는 어느덧 30대가 되었고 '경제 민주화'를 이루겠다는 정치인들은 '빚의 민주화'를 안겨주었다. 그나마 유일하게 의지할 수 있는 곳이라고는 '가족'밖에 없었지만, 이제는 서로에게 짐이 되지 않는 것이 가족을 지키는 최선의 방법이 되어버렸다. 안정적인 가정이나, 위기에서도 자신을 지켜줄 공동체, 혹은 집단적으로 무언가를 시도하고 성취를 이루었던 경험이 부재한 세대가 어느 날 갑자기 세상에 '내동댕이'쳐졌다. 이러한 경험과 감정은 자기 자신을 위협하는 모든 것들로부터 자신을 지켜야 하는 생존본능을 유발한다.

> 내가 열심히 했다고? 아니, 내가 열심히 하지 않아서 세상에 나온 거다. 열심히 하지 않아서 버려진 것뿐이다. 열심히 하지 않아서, 지금, 여기에, 이러고 있는 거다. 증명해보이고 싶었다. 명확한 분류 기준과 효율적인 활용 가능성이 모두를 만족시킬 수 있는 방법. 그리고 그 무엇보다 나 자신을…
>
> ── 드라마 「미생」 장그래 대사 중에서*

오늘날 생존본능은 '열정'이라는 형태로 출현한다. 세상에 홀로 버려진 아이들이 자신을 증명하기 위해 '노오력'을 통해 자신이 살아 있음을 말하고 있는 것이다. '강한 놈만 살아남는다! 각자도생하라!'는 시대적

---

* tvN 드라마 「미생」은 "바둑이 인생의 모든 것이었던 장그래가 프로 입단에 실패한 후, 냉혹한 현실에 던져지면서 벌어지는 이야기를 그린 드라마"(tvN 홈페이지)로, 2014년 10~12월 방영했다.

명령을 거부하고 제정신으로 살아갈 수 있는 사람이 몇이나 될까. 배제되는 삶, 내쳐지는 삶, 추방되는 삶에 대한 두려움과 공포는 이렇게 개인에게 성공하는 삶, 꿈을 포기하지 않는 삶을 모델로 '자기계발' 주체와 '약육강식' 사회의 몸집을 키운다. 어린 시절부터 교과서에서 배운 '사회'나 '정치'는 단지 종이 속 유토피아임을, 그런 것은 애당초 이 세상에 존재하지 않는다는 것을 어렴풋이 깨달을 때쯤 마주한 현실은 '사라진 정치의 장소들'*에 홀로 서 있다는 것이다. 대학도, 회사도, 공장도, 거리도, '정치'는 사라져가고 있었다. 나 홀로 정치란 존재하지 않기 때문이다.

그러나 청년 부채를 연구하면서 사람들을 만나고, 알게 된 것은 이런 정치적 황무지에서도 '조용한 전환'[3]이 시작되고 있다는 것이다. 기람 씨를 만났던 2013년 12월, 서울 청년허브에서는 청년 부채 실태조사 발표회가 열렸다. 청년들이 강남, 노량진, 신촌, 홍대를 돌며 부채 상황을 파악하고 그 결과를 공유하는 자리였다. 나는 발표회에 참관인으로 참가했고, 그때 알게 된 청년연대은행 토닥(전 토닥토닥 협동조합)이 인상 깊었다. 발표회가 끝나고 나는 연구를 빌미로 토닥에 발을 들이기 시작했는데, 얼마 지나지 않아 조합원으로 가입했다. 그곳은 이름만 협동조합이었지, 법적으로 협동조합도 시민단체도 사회적 기업도 아니었다. 이들은 단체 대표를 토토리 마을 이장이라고 부르고, '토닥 씨앗'(현재

---

* '사라진 정치의 장소들'은 책 제목으로, 신자유주의 이후 "노동자들의 일상이 노동자 정치의 장소로 조직되지 못하고, 오히려 자본과 국가의 장소인 공장으로 단일화"(김원 외 『사라진 정치의 장소들』, 천권의책 2008, 4면)되는 현상에 주목하고, 과거 노동정치의 현장이었던 공간에서 '새로운 노동자 정치'를 찾아가는 내용을 담고 있다. 이 글에서는 노동 현장뿐만 아니라 삶의 각 현장에서 사라져가는 것에 대한 비유로 사용한다.

'알')을 만들어 대안화폐를 실험하고 있었다. 토닥 씨앗이란 관계를 통해 신뢰를 쌓아가는 만큼 싹이 트는, 일종의 관계형 대안화폐이다. 토닥은 '관계금융'이라는 모델을 만들어가고 있었다. 만 15세에서 39세의 청년이라면 조합원으로 등록을 할 수 있고, '토닥학 개론' 교육을 이수해야만 대출을 받을 수 있다. 상담을 통해 조합원들은 자율이자 대출을 받고, 그 비용은 출자금에서 충당한다. 그런데 이때 토닥 씨앗이 대출 자격에 큰 영향을 미친다.

조합원들은 서로 재능을 나누고, 그 재능은 공동체 화폐로 적립된다. 소모임을 만들어 철학, 음악, 여성주의 등을 공부하기도 한다. 한참 '헬조선' 담론이 성행할 때에는 이를 넘어서자는 취지로 "'헤븐조선'을 위한 토닥학교"를 열기도 했다. '헤븐조선'을 위한 토닥학교를 기획하게된 배경에는 노동, 경제, 복지, 교육 어느 하나도 희망적이지 않은 '헬조선' 사회에서 청년들이 이 단어를 가장 적극적으로 소비하면서 절망에 빠진다는 문제의식이 있었다. 담론을 소비하면서 그 안에 갇혀버리는 삶에서 대안을 찾기 위한 첫걸음이 토닥학교였다. 총 4강으로 구성된 '헤븐조선'을 위한 토닥학교는 경제, 불평등, 살림살이, 공동체라는 주제로 각 분야의 선생님들을 모셔 강의를 듣고, 공동체를 실험하는 다른 청년단체를 초대하여 사례를 공유하고 토론을 했다. 또 명절에 혼자 있는 조합원들이 모여 음식을 만들어 나눠 먹거나, 때로 장터를 열어 나에게는 쓸모없지만 누군가에게 유용할 물건을 교환한다. 토닥 실무자는 현재 두 명이지만, 다양한 시도들이 가능할 수 있었던 이유는 조합원들의 적극적인 참여가 있었기 때문이다. 그리고 이들은 다른 청년단체뿐만 아니라 국내에 있는 자활공제단체, 사회적 기업, 생활협동조합 등과 관계를 맺으면서 '공동체'적 삶과 기술을 교류하고 있었다.

한편, 지난해 4월 출범한 청춘희년운동본부(이하 청춘희년)는 '희년'Jubilee을 하나의 운동 가치로 삼고, 청년 부채 탕감운동과 문화운동을 벌이고 있다. 희년이란 50년마다 한 번씩 돌아오는 해로 성경에는 희년의 날 이스라엘인들에게 모든 부채를 탕감하고, 노예를 해방하라고 쓰여 있다. 청춘희년은 여러 단체가 모인 협의체로 주로 기독교단체와 청년단체 두 곳이 참여하고 있다. 토닥도 참여 단체 중 하나이다. 청춘희년은 부채 탕감운동의 일환으로 고금리 부채로 어려움에 처한 청년들이 자립할 수 있도록 지원하고, 자치적인 소모임을 만들어 관계망을 형성하는 일을 돕는다. 문화운동으로는 홍대 희년 거리행진(4월), 개미와 빚쟁이 대잔치(11월)를 열어, 청년 아티스트들과 청년 부채 문제를 공유하고 풀어가는 방식으로 진행했다.

최근 대학에서도 비슷한 움직임이 일어나고 있다. 지난해 말 한양대학교 학생들 몇몇이 모여 금융협동조합 '키다리 은행'을 만들었다. 재학생이면 가입비 1만 원에 출자금은 각자 형편껏 지불하는 방식이다. 키다리 은행의 주력 상품은 '숏다리펀드'로, 30만 원을 6개월 동안 빌려주고 이자는 '자율'로 받는다.[6] 2016년 2월 조합원 40명, 출자금은 240만 원 정도지만, 대학에서 학생들이 자치적으로 금융협동조합을 만든 일은 이례적이다.

이들은 사회적 안전망을 스스로 구축하고, 관계와 신뢰를 통해 금융의 폭력적 착취구조에서 살아가는 방법을 찾고 있다. 이런 움직임이 이전과 다른 것은 거대한 집단적 움직임이나 '대중'의 형상으로 드러나기보다 소소한 일상에서의 보살핌과 '살림'을 기반으로 한 경제를 창출하고 있다는 점이다. 물론 일상에서 소수가 모여 삶의 전환을 시도하는 것은 한계가 있다. '소수'가 지닌 한계성이라기보다, 오늘날 이 모임들이 생기게 된 토양의 한계로 지속가능한 생명력을 유지하기 힘들다는 말이다. 하지만 최근 여러 청년단체에서 보여주는 행보를 보면 '소수'의 문제를 너머 노동(청년유니온), 주거(민달팽이유니온), 기본소득(기본소득청'소'년네트워크) 등 사회 전반의 문제로 확대되고 있다. 개인의 문제와 사회의 문제로 새로운 '의제'로 만들고 전환하려는 시도이다. 이런 움직임은 결코 작은 것이 아니다. 일상에서 길어 올린 정치적 의제는 지자체의 정책 참여로 이어지고, 더 나아가 정당정치로 뻗어나가고 있다. 우리가 할 수 있는 일은 이런 움직임의 가능성을 믿어보는 것이다. 그리고 함께 걸어가는 것이다.

청년실업자와
가난한 연구자

기람 씨에게 연구 참여자에 지원하게 된 이유를 물은 적이 있다. 그는 나에게 "빚이 있다는 거 다들 숨기는 거예요. 그리고 사실 다 알고 있으면서도 서로 묵인하는 거죠."라고 했다. 모두가 '알면서도 묵인하는' 것에 대해 누군가 연구를 시작했고, 또 누군가는 그 연구를 위해 묵인하지 않아야 한다고 생각한 것이 연구에 참여한 동기라고 했다.

인터뷰가 끝날 무렵 요즘 하는 일은 어떤지 물으니, 기자는 그만뒀다고 했다. 나름의 사정이 있을 거라 생각하고 이유에 대해 깊이 캐묻지 않았다. 그는 실업수당과 카드로 생활을 하고 있다고 했다. 다른 자리를 찾아보기 위해 이력서를 쓰긴 하지만, 취업 준비를 위해 자격증을 따거나 영어시험을 준비하는 일보다 당장 매달 들어가는 생활비를 마련하는 일이 시급하다고 했다. 정기적인 소득은 끊겼지만, 그가 매달 지불해야 하는 월세, 통신비, 밥값, 학자금 대출 상환금, 핸드폰 할부금 등 기본 생활비로 지출되는 금액은 줄지 않았다. 실업상태가 되니 서울에서 1인 가구가 살아가는 데 기본적으로 필요한 최소비용 자체가 너무 비싸다고 말했다. 그는 그럴 때마다 친구에게 돈을 꾸기도 하고, "그럭저럭" 살고 있다고 했다.

나 또한 당시 한 달 생활비는 약 50만 원으로, 한 학기 조교비로 받는 250만 원을 월 단위로 나눠 생활하고 있었다. 그중에 학자금 대출금을 20만 원씩 상환하고 있었으니, 논문을 준비하면서 만나는 연구 참여자들에게 차나 식사를 대접하는 비용마저 부담스러웠다. 논문이 끝난 후에는 더 막막했다. 내가 배우고 습득한 지식이 어디에 쓰일 수 있을지, 나는 어떤 기술로 밥벌이를 하며 살아가야 할지, 졸업 후에 추가로 원금 상환이 시작되는 학자금 대출은 어디에서 마련해야 할지, 돈의 쓰임은 많았지만 수입원은 기대하기 어려웠다. 그럼에도 선생님들과 몇몇 동료들이 논문을 마칠 수 있도록 연구비를 지원해주고 격려해주었다.

어쩌면 청년실업자와 가난한 연구자인 우리는 불안정한 삶 한가운데서 아슬아슬하게 줄타기를 하고 있는 건 아닌지. 당장 몇 달 후, 각자 어떤 삶을 살고 있을지 예상하기도 어려웠다. 그나마 다행인 건, 기람 씨와 내 주변에 서로의 삶을 지지하며 의지할 수 있는 친구가 한두 명은 남아 있다는 것이다.

02

노답 사회

사회로부터 멀어지는 청년들
이충한_전 '유유자적 살롱' 공동대표

직접 듣다 민호 씨의 3년 후
이영롱_『사표의 이유』 저자, 연세대 문화학협동과정 석사

2002년, 대학 졸업 후 잡은 첫 직장은 S그룹의 카드회사였다. 사회학을 전공한 내가 비교적 쉽게 취업에 성공할 수 있었던 것은 공대·상대를 제외한 전공생만을 위한 '창의 인재 특별전형' 덕분이었는데, 선발 과정에서는 '그룹의 미래를 이끌어갈 특전사'라며 추켜세웠지만 막상 입사를 하자마자 느낀 것은 내가 최소한의 다양성을 위해 수혈된 마이너리티일 뿐이라는 사실이었다. 집단 구성원들을 항상 내부자와 외부자로 가르는 한국 사회의 기본 원리는 그곳에서도 예외 없이 작동했다. 남성과 여성, 명문대와 비명문대, 상경계열과 기타계열, 대졸과 고졸, 정규직과 비정규직, 핵심부서와 기타부서, 갑과 을 등 수많은 기준에 의해 사람들이 나눠지고 있었다.

결국 나는 26개월 만에 제 발로 회사를 걸어나왔다. 성취에 대한 스트레스로 자신의 몸과 가정을 망가뜨리고 있는 사람, 회사 내의 관계와 정치가 일의 전부라고 생각하는 사람, 주변과 세상이 어떻게 되든 나 혼자 즐거우면 된다는 사람. 모두 내가 닮고 싶은 미래는 아니었다. 이 모든 상황들은 '회사라는 곳이 원래 그런 것'이라는 말로 봉합되었으며, 거기에 동의할 수 없는 나 같은 사람은 조용히 떠날 수밖에 없었다.

사회로부터
멀어지는 청년들

　연일 쏟아지는 한국 사회의 부정적 측면을 강조하는 신조어들이 뜻하는 것은 무엇일까? 청년들이 "이 땅에서의 삶에는 희망이 있을까?"라는 의문, 나아가 이 사회에 희망이 없다는 판단을 내리기 시작했다는 의미이다. 몇 년 전만 해도 청년들과 이야기를 나눠보면 수많은 어려움에도 불구하고 마음 깊은 곳에 작은 희망을 품고 있다는 답변을 들을 수 있었지만, 이제는 누구도 감히 '희망'이라는 말을 섣불리 던질 수 없는 상황이 되었다. '한국 사회는 헬조선'이라는 명제 자체가 현실을 논의하기 위해 필요한 '합의된 토대'가 되었다고나 할까. 그리고 그 토대를 떠받치고 있는 가장 핵심적인 인식은 '이 사회에 답이 없다'는 것이다.

노답이라는 건,
끝이 없다는 것

'노no답'이라는 단어는 비상식적인 행동을 하는 사람들에 대한 가벼운 비방과 혐오의 언어로 시작되었다. 그런데 언제부터 '내 인생이 노답이네'라는 반응이 여기저기에서 나오기 시작했다. 주변에서 쉽게 찾아볼 수 있는 노답 인생에는 대략 세 가지 유형이 존재한다. 첫째는 부모를 등에 짊어진 인생이다. 평생 벌어도 못 갚을 만큼의 빚을 부모로부터 물려받게 되었거나 병든 부모를 간호하느라 경제활동을 못하게 되는 경우 등이 여기에 해당한다. 둘째는 사회에서 배제당하는 인생이다. 자신의 출신 성분이나 빈약한 경제적·사회적 자원 때문에 사회의 언저리에 붙어 있기조차 힘들다고 느끼는 경우다. 셋째는 사회와의 마찰열에 타버린 인생이다. 마찰적 실업이 기대와 현실의 수준 차이에서 발생하듯, 자신의 눈높이와 '헬조선'의 눈높이가 달라서 참을 수가 없는 사람들이다. 첫 번째와 두 번째가 대체로 계급에 따라 분포되는 반면 세 번째는 전혀 다른 축 위에 존재하기 때문에 좀더 보편적인 경우라고 할 수 있다. 나에게는 '기본'인데 현실적으로는 '사치'가 될 수밖에 없는 생활수준이라든지, 내 생각에는 '야만'인데 이 사회에서는 '주류'로 받아들여지는 가치와의 마찰 때문에 열받는 청춘들은 절대 소수가 아니다. 특히 젠더 간, 세대 간 문화 격차로 인한 마찰열은 지옥불만큼 뜨거워지기도 한다. 이처럼 대부분의 청춘들이 서로가 '노답 인생'임을 확인하게 되면서, 화살은 '노답 사회'로 향하게 되었다.

답이 없다는 것은 무엇일까? 기본적으로는 문제를 해결할 수 없는 사면초가의 상황을 뜻한다. 노답이란 어떤 부분이 틀렸으니 고쳐야 한다는 이야기가 아니다. 올바르지 못한 답은 그냥 오답이다. 인생이, 사회가 노답이라는 것은 어디서부터 풀어야 할지 알 수 없는 엉킨 실처럼 주위에 온통 틀린 답밖에 없다는 얘기다. 예를 들어 기업체는 '경력이 있으면서도 젊은 신입사원'을 원하고, 일터에서 업무를 잘하려면 '주인의식을 가지면서도 자기주장을 하지 않아야' 한다. 이 사회는 '넌 뭐든지 할 수 있지만, 내 맘에 안 드는 건 하면 안 되고, 내 마음은 항상 변하니까 알아서 노오력해'라고 말하는 분열증적 직장상사처럼, 자기모순적인 메시지를 던지고 있다. 이런 답정너('답은 정해져 있으니까 너는 대답만 하라')류의 태도 때문에 청년들의 마음상태가 '정치 불신'을 넘어 '사회 불신'에까지 이르고 있는 것이 아닐까?

나아가 노답은 문제를 해결할 수 있는 기본적인 사고와 논의의 틀, 옳고 그름을 판별할 수 있는 기준과 평가체계가 없음을 뜻한다. 일반적인 사회 부조리는 암행어사나 홍길동, 혹은 모래시계 검사가 해결할 수 있다. 하지만 '부조리극'은 부조리 자체가 목적이기 때문에 어떤 부분이 말이 안 된다고 지적하는 '놈'이 우스워진다. 지금 사회는 차라리 '아노미'라고 부르는 게 정확한, 비합리와 비논리가 유일한 운영원리인 부조리극과 같은 상태에 있다. 사실 보수 인사들의 막말이 노리는 것은 노년층의 정서적 결집뿐만 아니라 청년들에게 '이 사회는 부조리 그 자체니 관심 끄는 것이 정신건강에 유리하다'는 메시지를 던지는 것일 수도 있다.

노답에 대해 더 제대로 이해할 수 있는 틀을 만들기 위해서는 시간이라는 축이 더해져야 한다. 답이 없는 것보다 더 무서운 일은 이 노답 상황에 끝이 없다는 사실이기 때문이다. 가령 IMF 경제위기 당시에 사람들이 겪었던 상황 역시 막막한 것이었지만, 언젠가 해결되지 않을까 하는 막연한 희망은 가질 수 있었다. 그러나 20년 가까운 시간이 흐른 지금, 청년들은 이 답 없는 상황이 끝나지 않을 것이라는 것을 확신한다. 애초부터 지옥의 가장 곤란한 점은 지옥불의 고통 자체보다 아무리 아파도 죽어버릴 수가 없다는 것, 즉 고통이 영원히 끝나지 않는다는 점에 있다. 이 '노답의 영겁회귀'는 '헬조선'의 본질로, 앞으로 한 발짝도 나아가지 못하고 제자리에서 맴돌 수밖에 없는 청년들의 운명을 상징한다. 따라서 '노답'에 대한 문제인식은 '정답을 낼 수 없다'는 지점에서 '다음 단계로 나아가지 못한다'라는 지점으로 확장될 필요가 있다.

상위 1%도 나머지 99%도
다음 단계가 없다

진보와 보수를 막론하고 기성세대가 정의하는 청년노동 문제의 핵심은 '미취업과 비정규직화'다. 나이가 들었는데도 일을 안 하거나 못 하고, 능력이 아무리 뛰어나더라도 정규직으로 채용이 못 된다는 것이다. 하지만 그들은 본질을 왜곡하고 있다. 요즘 청년들은 이미 10대 때부터 단기 아르바이트를 시작하고, 상당수가 20대 초반에 풀타임에 가까운 노동을 경험한다. 그들의 노동에 노동이라는 이름을 붙이지 않고 '젊었을 때 해보는 경험'으로 치부한다는 것, 그리고 그 경험이 쌓여 다음 단계로 나아갈 수 있는 자원이 되지 않고 그 자리에서 소진된다는 것이 더 큰 문제이다.

자원을 적게 가진 청년들은 일찍부터 노동에 투입된다. 이들이 향하는 노동 현장은 대부분 서비스 업종이고, 상층부의 지식 노동자들에 의해 프로세스의 매뉴얼화가 완료된 곳이다. 그곳에서 대부분의 일은 가치가 아닌 양으로 평가되며, 주관이 개입될 수 있는 영역은 극히 드물다. 기존의 연공제적 보상도 기대할 수 없고 애초에 숙련이라는 것이 존재하지 않기 때문에 이런 노동에서 '다음 단계'를 생각하기란 매우 어렵다. 예를 들어 동네의 작은 식당에서는 접시닦이에서 홀서빙, 요리사를 거쳐, 나중에는 자신의 식당을 차리는 것을 상상해볼 수 있다. 하지만 대기업 프랜차이즈 레스토랑에서 노동력이란 매뉴얼을 외워 빈 구멍을 채우는 존재일 뿐이며 주방의 요리사조차 엄격하게 계산된 채로 사전 제공된 재료를 단순 조합하는 일밖에 하지 않는다. 기성세대들은 청년들에게 기계를 뛰어넘는 창의성을 발휘하라고 하지만 실제 대다수의 청년들은 아직 기계가 대신할 필요가 없는 값싸고 단순한 노동을 하고 있을 뿐이다.

그렇다고 많은 돈과 시간을 투자해서 지식 노동자의 지위를 획득한 청년이라고 해서 답이 있는 것은 아니다. 지식노동이란 근본적으로 질적인 노동이다. 그런데 이 사회에는 노동을 질적으로 평가할 수 있는 기준이 거의 없다. 한국 사회가 농업사회적 연공주의에서 산업사회적 능력주의로의 이행에 실패했기 때문이다. 2000년 전후 신자유주의 물결 속에서 기업들은 능력주의를 외쳤으나, 그것은 경영 효율화가 아닌 인력 감축을 위한 쇼였을 뿐 여전히 능력에 대한 정의나 성과를 측정할 수 있는 가치와 기준은 생겨나지 않고 있다. 결국 능력주의라는 매서운 잣대는 연공서열을 타고 올라갈 수 없는 청년들에게만 적용되었고, 초과 성취를 요구하는 압력에는 오로지 양적인 노력으로만 대응해야 했다. 가치 지향과 가이드라인이 없이 무조건 '잘 해와'라고만 하는 상사의 압박 속에서 더 큰 분노를 느끼는 건 지식 노동자들이다.

이처럼 답이 없다는 느낌은 어느 날 갑자기 하늘에서 뚝 떨어진 것이 아니라 구체적 일상 속에서 반복적으로 체득되고 강화된 것이다. 개인, 사회, 소집단의 레벨로 나눠보자면, 청년들은 닮고 싶은 롤모델이 없는 노답 어른, 재생산 불가능한 노답 경제 시스템, 목적 없이 사람을 소진시키는 노답 조직과 만난다. 초등학교에서부터 대학교, 군대, 아르바이트, 인턴십, 취업 이후에 이르기까지 매우 연속적이고 일관적인 경험이기에 어색함을 느끼지도 않게 된다. 이를테면 지금의 청년 세대는 IMF 경제 위기가 있었던 유년기부터 '미래의 생존'을 위해 '현재의 일상'을 저당 잡힌 채 고도로 발달된 시스템의 관리 속에서 살아왔다. 그 '시스템'은 부모일 수도 있고, 교사일 수도 있으며, 학원 선생님이나 방송, 인터넷상의 멘토일 수도 있다. 중요한 것은 그 시스템이 너무 강고하고 촘촘하게 작동하기 때문에 어디에도 숨을 곳이 없다는 점이다.

청년들의 입장에서 이 사회는 '역주행'을 하고 있는 것이나 마찬가지다. 부모 세대까지는 모두가 위를 향해 열심히 계단을 오르고 있었다. 그런데 지금의 청년들에게는 이 계단이 거꾸로 흐르고 있다. 마치 역방향 에스컬레이터를 탄 것처럼 말이다. 이 역방향 에스컬레이터 위에서 날마다 숨 막히게 뛰어보아도, 이들에게는 '잘해야 제자리'인 현실만이 돌아올 뿐이다. 그 자리라도 지키기 위해 묵묵히 계단을 오르다 옆을 돌아보면 부모의 경제 자본을 통해 학력 자본과 문화 자본을 취득한 이들만이 고속 에스컬레이터를 타고 편하게 위를 향해 올라가고 있다. 청년들이 분노할 수밖에 없는 이유다.

'중간'이 용납되지 않는
이중화의 시대

대다수의 청년들이 헬조선 담론에 갑작스레 동의하게 된 이유는 비로소 자신이 '흙수저'라는 사실을 깨달았기 때문이다. 흙수저란 무엇인가. 세분화된 여러 정의가 있지만 기본적으로는 중산층에 머무르거나 편입하지 못하고 하층민이 될 수밖에 없는 경제적 계급을 말한다.

수십 년간의 산업화 과정에서 지배층과 피지배층이 서로 공모conspiracy 관계를 유지할 수 있었던 이유는 '가부장이 열심히 일한다면 모든 개별 가족들이 빈곤에서 벗어날 수 있다'라는 믿음 덕분이었다. 이 믿음은 민주화 과정에서 '사회를 정의롭게 만든다면 모든 민중이 차별받지 않을 수 있다'로 바뀌었다. 그런데 두 가지 기획이 모두 지속가능하지 않은 것으로 판명된 지금, 청년들이 맞닥뜨린 것은 경제적 위기인 동시에 사회적 위기이다. 다시 말해 '당신이 흙수저라면 경제적 하층민이 될 뿐 아니라 사회적 천민이 될 수도 있다'는 공포감 앞에 놓인 것이다. '노력하면 가난을 벗어날 수 있다'는 산업화 시대의 명제는 엉뚱하게 뒤집어져 '가난한 사람은 충분히 노력하지 않은 사람이다'라는 비난의 날로 돌아와 경제적 패배자를 사회에서 아웃시켜버린다. 이는 경제적 양극화를 넘어 내부자insider-외부자outsider 간의 분할을 기반으로 하는 사회경제적 이중화dualization의 문제이며[1] 사회에서 배제당하는 것에 대한 극심한 공포는 기근보다 더 무섭게 청년들의 마음을 조여온다.

그런데 청년은 생애주기에서 모든 것이 최종적으로 결정되지 않은 시기에 해당한다. 대부분의 청년이 내부자와 외부자 사이에 존재할 수밖에 없는 것이다. 하지만 이 애매한 '사이'라는 위치가 더욱 불안을 야기한다. 중간 스펙트럼이 존재하지 않고 이중화시키는 힘이 강하게 작용하는 사회에서는 그 사이에 있음으로 인해 더 괴로울 수 있다. 역방향 에스컬레이터를 타고 아무리 '노오력'해도 올라갈 수 없는 '노답 인생'임이 뻔하고 '탈조선'할 수 있는 자원도 없는데, 이 사이에 머무를 수 있는 청춘이라는 시간이 점점 끝나가고 있다는 조바심에 더 목이 탄다. 이 '사이에서의' 괴로움에서 벗어나기 위해 많은 청년들이 자신을 흙수저라고 재빨리 인정해버린 것은 아닐까.

사이, 중간이 용납되지 않는 건 경제적 계층만이 아니다. 한국에는 사회와 개인 사이의 중간이 없다. 한쪽 끝에서 경제적 하부구조, 물질적 토대는 모든 것이 원자화된 개인을 기반으로 하고 있다. 쇼핑도 주거도 교육도 여가도 몽땅 개인이다. 그런데 상부구조, 사회구성 원리와 이념은 아직도 사회에만 집중한다. 보수세력은 '국민' 타령을 넘어서 이제 '백성'이라는 한 무더기를 어떻게 지배할 것인가에 집중하고, 진보세력 역시 계급의식 아래 연대하는 '민중'이라는 집단에 대한 상상으로부터 벗어나본 적이 없다. 소비자 개인과 왕국의 백성 사이 어디쯤에 존재해야 할 시민적 개인은 어디에도 없는 것이다.

또한 노동과 비노동 사이의 중간도 존재하지 않는다. 돌봄노동, 자원활동, 예술작업, 때로는 사회적 경제 영역마저도 '돈을 버는 일'이 아니면 사회의 한 영역으로 인정받지 못하고 그저 비공식적인 '좋은 일' 수준으로 평가된다. 문제는 전통적 의미의 일자리가 급속하게 줄어들고 있다는 사실이다. 자동화 경향으로 인한 일자리 감소가 중국 등 신흥개발국가의 성장률이 둔화되는 시점과 겹쳐질 경우, 특히 한국처럼 내수 경제가 취약하고 고용 안정성이 낮은 나라에서는 상상하는 것 이상의 충격을 받을 것이다. 일자리 감소가 불가피하다면 인식이라도 바꿔야 하지 않을까. 일본의 청년지원단체 '소다테아게넷'의 대표 구도 게이工藤啓는 저서 『무업사회』를 통해, "누구나 무업자가 될 수 있는 사회가 되었다면 무업자들을 멸시하는 전통적 시각은 없어져야 한다."고 주장한다. 앞의 논의에 대입하자면 일자리가 줄어서 경제적 하층민이 되는 것은 어쩔 수 없어도, 이들을 사회적 천민으로 대하지는 말자는 말이다. 위에서 언급한 노동과 비노동의 사이에 위치한 일들을 '사회적인 일'로 인정해주지 않으면, 많은 수의 청년들이 평생 사회 바깥에 위치할 수밖에 없을지도 모른다.

"나는 삼겹살을 먹을 자격이 없어"

비유적인 표현이 아니라, 실제로 사회 바깥으로 떨어져나가는 청년들이 있다. 바로 청년과 노동을 이야기할 때 심심찮게 등장하는 니트NEET : Not in Education, Employment or Training가 그것이다. 여러 가지 통계들을 종합해보면 학업도 일도 교육훈련도 하지 않는 한국의 청년 니트는 15~19퍼센트 정도이다. 이 엄청난 규모에 비해 한국 사회에서는 아직 진지하게 논의된 적이 없다. 스스로 포기한 것 아니냐, 정신적으로 나약한 것 아니냐, 니트 짓도 부모님이 먹고살 만해야 하는 것 아니냐 등 '놀고먹는 백수'의 이미지가 너무 강했기 때문이다. 하지만 수년간 니트를 지원하는 사회적 기업 '유유자적 살롱'에서 일하며 관찰한 바에 따르면, 이들은 일에서 멀어진, 사회에서 떨어져나간 외부자라고 보는 것이 맞다. 연구 과정에서 접한, 니트 경험이 있는 A양의 이야기는 사회에서 고립된 사람의 삶을 잘 그려내고 있다.

어떤 사람이 집에서, 사회 부적응자들이 모인 카페 회원이 올린 글이었는데, 식구들이 삼겹살을 먹었대요. 그런데 자기도 너무 먹고 싶은데, 먹을 자격이 없으니까, 방에만 있고 맨밥만 먹는대요, 그 사람은. 그러면서 자기가 엄청 바라는 것은, 계란 후라이라도 하나 해먹고 싶다는 거예요. 그렇지만 자기는 돈을 못 벌어오고, 지금 하는 게 없으니까, 그럴 자격이 없어서 맨밥만 먹는대요. 그런 게 되게 공감됐던 게, 저도 그 당시에 고추장에 밥을 비벼서 먹는 게 다였거든요. 먹을 게 아무리 많아도 먹을 수가 없는 거예요. 그게 미안해서. 그런데 제가, 그 뒤로도 제가, 아까도 말씀드렸지만 집에서 보낸 시간이 많았기 때문에, 대부분을 그런 죄책감을 가지고 살았어요. 지금도 생각하는 건, 제가 노동하지 않는 인간이라는 것에 대한 죄책감, 죄악감, 수치심 이런 게 되게 커요. 엄마는 20년 동안 식당에서 막말로 천대받는 음식물쓰레기 치우고 설거지하는 그런 일하시고, 동생은 자기 꿈 이루겠다고 하루에 두 시간 자면서 전화 받는 아르바이트, 대리운전 콜센터에서 일을 해가지고, 취객들에게 별 쌍욕을 다 들어가면서 그래도 지가 대학 갈 등록금 벌겠다고 그러고 사는데, 저는 집에만 있었으니까…

가족을 포함한 타인의 입장에서는 니트가 '부모의 등골을 빼먹는 존재'겠지만, 사실 대부분의 니트는 일을 하고 싶지 않은 것이 아니라 특별한 사정으로 인해 일을 할 수 없는 사람들이다.* 이것도 해보고 저것도 해보다가 지치고 절망한 끝에 에너지가 고갈되어 비활동inactive 상태에 접어드는 것이 한국형 니트의 실체라 할 수 있다. 말하자면 한국의 니트는 '잉여질 하다가 구직포기한 백수'라기보다는, '노오력하다가 소진되어 노동시장에서 배제된' 사람들로 보는 것이 맞다. '놀고먹는 니트족'의 이미지를 떠올릴 때는 주변에서 찾아보기가 쉽지 않지만, 이행실패형, 소진burn-out형 무업자가 니트의 본질이라 생각하면 주변의 많은 청년들이 니트 범주에 속한다는 것을 발견하게 된다. 그리고 청년들의 몸과 마음이 급격하게 소진되어가고 있다는 점을 고려할 때 빠른 시일 내에 한국에서 '니트 대란'이 일어날 가능성도 적지 않을 것으로 생각된다.

그렇다면 '니트 선진국'으로 알려진 옆 나라 일본은 어땠을까? 일본에서는 이미 1970년대에 소비 세대가 출현했고, 1970년대 말에 문화사회가 도래했다. 애니메이션을 보고 자란 오타쿠들이 "난 비정규직이라도 하고 싶은 일을 하면서 살겠어!"라고 외치며 자발적 단기노동자(프리터 : free+arbeiter)가 되었고, 1990년대 초 버블경제 마지막쯤에 사회적 관심을 받았다. 프리터가 노동문제, 히키코모리(은둔형 외톨이)가 심리와 생활 문제였다면, 양쪽을 합친 니트가 등장해 2000년대 초에 커다란 사회문제로 부상했고, 이후 청년노동 정책의 상당 부분이 니트 지원에 할애되도록 하는 결과를 낳았다.

그런데 어쩌면 일본의 청년문제는 한국의 문제보다 오히려 풀기 쉬운

---

* 한국고용정보원에서 진행한 '취업 지원을 위한 청년 니트 실태조사'(2013)에 따르면, 청년 니트 응답자의 82.9퍼센트가 일 경험을 갖고 있으며, 77.3퍼센트는 향후 6개월 이내 구직 의향이 있다고 답했다.

것일 수도 있다. 니트라는 대상이 명확히 존재하고, 그것이 개인 탓이 아니라 사회적 문제라는 합의가 이뤄졌기 때문이다. 반면 과도기형 니트나 반복형 니트가 대다수인 한국에서는 어디서부터 어디까지가 문제인지도 알 수 없고, 니트의 정의에 대한 합의조차 도출되지 못한 상황이다.

사실 한국에서는 '니트'라는 용어가 너무나도 오염되어 있기 때문에 니트 개념 자체를 가지고 청년문제를 분석하는 것은 큰 도움이 되지 못한다. 인구통계학적으로 특수한 어떤 '집단'이라기보다는, 청년 세대에게 드리워진 불안정 노동의 결과로 빚어진 '상태'로 보는 것이 맞다. 기본적으로 이 시대 청년들은 누구나 조금씩 '니트성' 혹은 '잉여성'과 같은, 기성세대가 이해할 수 없는 내적·외적 불안정성을 짊어지고 있다. 이 불안정성을 100퍼센트 지닌 '니트'와 0퍼센트인 '행복한 취업자'는 스펙트럼의 양극단일 뿐이며, 실제로는 그 사이 어딘가에 위치한 사람들이 대다수다. 하지만 '니트적'인 사람으로 찍히면 사회에서 배제당하기 때문에, 모두 '전혀 니트적이지 않은' 사람인 것처럼 가장하고 다녀야 하는 것이다. 그리고 오히려 그러한 내적·외적 불안정성을 직시하지 않는 경우 더 큰 불안감에 빠질 수도 있다.

유유자적 살롱의 니트 지원 활동이나 연구협력관으로 참여했던 한국고용정보원의 연구, 그리고 이번 연구 등을 통해 '일에서 멀어진' 청년들을 만나볼 때마다 '이 사람이 진짜로 니트일까?'라는 의문을 가질 수밖에 없었다. 은둔형 외톨이에 가까운 시간을 보낸 경우도 더러 있지만, 대부분은 니트와 장기실업자, 구직자와 노동자 사이를 반복하는 사람들이었고, 성향이나 태도로 구분할 수 있는 경우는 별로 없었기 때문이다. 마치 응달에 있으면 어두운 사람이 되고 양달에 나오면 밝은 사람이 되는 것처럼, 중요한 것은 그들의 상황이지 주체가 아니었다.

하지만 이것은
화병이다

교육학에서는 학업을 마치고 노동계로 진입하는 것을 '학교로부터 노동시장으로의 이행school to work transition'이라 표현한다. 이행이라는 단어는 심리학에서도 자주 쓰이는데, '다음 단계로의 이행'이라는 도전에 실패한 사람은 퇴행regression의 길로 접어들 수 있다. 학교-노동 이행 과정에서 조금만 실패하면 순식간에 사회의 외부자가 될 수도 있다는 불안과 공포는 당연히 청년들의 마음을 갉아먹을 수밖에 없다. 각종 커뮤니티 게시판을 보면 대학 자퇴 후 은둔형 외톨이가 되었다든지, 진로를 고민하다가 20대를 날려먹고 아무것도 할 수 없는 나이가 되었다는 식의 자조적인 글들을 수십만 개쯤은 발견할 수 있다. 다음의 몇 문장을 읽어 보자.

> 언제부터인가 모르겠지만 왜 살아가는지 모르겠다. 그런 생각이 수없이 내 머리를 힘들게 하고 있다. 무슨 목적으로 사는지도 모르겠고, 그냥 살아 있으니깐 살아가는 것 같다. 죽고 싶다. 영원히 잠들고 싶다.

물론 이런 글은 30년 전 청년들의 편지나 10년 전 청년들의 싸이월드 일기장에서도 쉽게 찾아볼 수 있었다. 하지만 이런 생각이 지금처럼 넓게 '공감'과 '수긍'을 얻을 수 있었던 시기는 존재하지 않았다. "힘들 때도 있지만 나아질 수 있을 거야."라고 말할 수 있었던 시대는 지나간 것이다. 결과는 끔찍하다. 극단적인 사례지만 앞의 글은 2015년 5월 13일 서울 내곡동 동원훈련장에서 총기를 난사한 뒤 자살한 최모씨가 범행을 저지르기 직전 작성한 유서의 일부분이다.

사실 청년보다 더 끔찍하게 퇴행하고 있는 것은 기성세대들이다. 산업화 세대라 불렸던 가부장들은 더이상 성장할 수 없는 국가, 유물이 되어버린 가족제도 앞에 정신줄을 놓아버렸다. 민주화 세대 혹은 벤처 1세대라 불렸던 투사들은 '유비쿼터스적으로' 어디에나 존재하게 된 표적을 좇는 과정에서 방향감각을 상실했다. X세대, 신세대라 불렸던 사람들은 '내가 되어 마땅한 것'에 아직도 미치지 못했다는 패배감 속에 거품처럼 사라져버렸다. 그래서 모두들 엉뚱한 곳에 어린아이처럼 화를 내기 시작했다. 타인을 '벌레'라 지목하며 모멸감을 주는 행위를 통해 나의 존재에 상대적 안정감을 부여하는 행위, 이것은 일베에 국한된 일이 아니다.

이유 없이 화내는 일마저도 할 수 없는 이들은 더욱 심각한 상황에 놓여 있다. 그들은 밖으로 화를 표출하지 못하는, 목소리 작고 힘없는 청년들이다. 특히 자신의 상황이 충분히 '노오력'하지 않아서라며 스스로를 향해 분노를 쏟아붓다보면 매우 위험한 상태에 이를 수 있다. 이 상태를 나는 '시대적 화병'이라 부른다. 화병은 단순히 화가 많이 나서 생기는 병이 아니라 화가 치밀어 오르는데 표출할 곳이 없을 때 생기는 병이다.

이 글을 읽는 기성세대 중 '그렇다면 왜 구조를 향해 분노하지 않는가'라고 질문할 사람이 있을 것이다. 그들에게 나는 반문하고 싶다. 당신이 그 구조 아니냐고. 당신은 그들의 분노에 귀 기울여본 적이 있느냐고.

오히려 사방을 막은 채 '왜 더 노력하지 않는가'라며 꾸짖어오지 않았느냐고. 청년들에게 기성세대는 대답 없는 벽과 같다. 벽에 대고 화를 내는 것보다는 차라리 나 자신에게 화를 내는 것이 낫다.

사회가 노답이라며 조롱하는 것은 가능하지만 사회를 바꾸기 위해 거리로 뛰쳐나가는 것은 불가능하다. 사회는 곧 그 벽이고, 언제나 내 주위를 둘러싸왔던 그 벽은 내가 충분히 '노오력'하지 않았음을 알고 있기 때문이다. 그래서 분노는 벽이 아닌 나에게로 향한다. 벽은 내가 아무리 분노해도 변화하지 않지만, 자학을 하면 내 몸은 반응한다. 병에 걸리는 것이다. 그리고 어떤 사람들은, 그 병적인 자학에 중독되기도 한다. '노오력'을 반복하다가 원인을 알 수 없는 병을 얻어 일을 그만두는 청년들을 보며 기성세대는 의지가 부족하다고 말한다. 하지만 이것은 화병이다. 마음의 독기가 배출되거나 정화되지 못해서 생기는 난치병 말이다.

결국 '노답'이라는 것은 내가 답을 찾지 못해서가 아니라 세상에 답이 없다는 것, 나아가서 세상이 내 비명을 듣지 않는다는 것을 의미한다. 그리고 가장 큰 문제는 다음 단계가 안 보이거나, 다음 단계로 가고 싶지 않다고 생각하는 것이다. 성장이 봉쇄된 사회라는 것이다. 하지만 이것이 최악의 노답 상황은 아니다. 최소한 청년들은 어른들이, 이 사회가 답을 갖고 있지 않음을 깨닫고 있기 때문에, 노답이니 헬조선이니 하는 말들을 통해 사회라는 벽에다 대고 목 놓아 메시지를 발신하고 있는 것이다. 지금까지는 아픈지도 모르고 속으로 병을 키워왔다면, 이제는 아프다고 신음소리를 내고 있으니 최소한 머리를 맞대고 해법을 찾아볼 수는 있다.

경험의 부족?

나쁜 경험의 과잉!

그렇다면 지금 이 사회는 어떤 방식으로 청년을 돕고 있을까? 청년이라는 집단 자체가 공통적인 특징을 가진 것이 아니라 인생의 한 시기를 나타내는 것이기 때문에, 이들을 돕는 지원의 성격과 내용도 엄청나게 다양할 수밖에 없다. 일반적으로 청년 지원에는 주거, 금융, 보건 등 많은 종류의 지원책이 있지만 여기에서는 경제적, 사회적 자립을 위한 지원, 즉 청년이 '일'을 할 수 있도록 돕는 지원사업의 몇 가지 유형을 살펴보도록 하자.

첫 번째 유형은 좋은 일 '자리'job opportunity의 제공을 목표로 한다. 여기에는 대학 내 취업지원센터와 같은 미미한 노력에서부터, 전국 단위로 청년실업자에게 교육훈련과 직업상담을 제공하는 고용노동부의 프로그램, 그리고 청년창업지원과 같은 신종 지원정책도 있다.

이 지원방식의 문제는, 기본적으로 '좋은 일자리'라는 것이 불가능해졌다는 점이다. 고강도의 저임금 일자리에 취직한 청년은 말할 것도 없고, 바늘구멍을 통과해 대기업이나 공기업 정규직으로 취직했다 해도 직업적인 보람이나 안정감을 느끼는 청년은 거의 없다. 리스크를 짊어지고 창업전쟁에 뛰어들어 성공해도 이후 대기업의 공격을 버텨내기는 힘들다. 애초에 국가라는 것이 일자리를 제공하는 주체가 아닌 이상, 지원 프로그램의 성과라는 것을 통제할 수는 없다. 결국 청년 입장에서는 프로그램을 잘 수료했더라도 결과적으로는 감나무를 올려다 보며 감이 떨어지기를 기다릴 수밖에 없게 된다.

두 번째는 좋은 일 '터'workplace에서 일해보는 경험을 제공하는 것이다. 서울시의 청년혁신활동가 사업은 사회적 기업이나 비영리단체, 혹은 국가기관에서 6개월~1년 정도 일해보고 나면, 일머리가 좋아지고 자존감이 높아져서 이후의 커리어에 도움이 되지 않을까 하는 기대로 만들어진 프로그램이다. 이 프로그램이 성공하려면 이들 일터의 조직문화나 업무환경, 조직비전이 훌륭해야 하는데, 한국에서 '의미'를 지향하며 일하는 조직들은 대부분 스스로도 재생산이 쉽지 않다. 따라서 지속적으로 고용하지도 못할 청년들을 제대로 훈련시킬 여유가 없는 경우가 태반이다. 그러다보니 이들에게 열정을 갖고 자율적으로 일하기를 요구하지만 그 청년에게 돌아오는 대가는 적을 때가 많다.

세 번째는 좀더 본질적인 접근으로, 경제 영역에서의 '노동'에 참여하도록 하는 것이 아니라, 삶 전체를 보며 자존감이나 회복탄력성resilience을 길러내기 위한 '활동'에 집중할 수 있도록 돕는 방법이다. 이러한 활동의 예로는 자원봉사나 예술활동, 커뮤니티 활동 등을 들 수 있다. 미래에 어떻게 먹고살 수 있을지 소모적인 고민을 하는 대신, 직업과는 무관한 음악활동이나 커뮤니티 활동에 집중할 수 있도록 돕는 것인데, 이처럼 미래로부터 방해받지 않고 현재의 즐거움에 집중하는 시간을 거치면서, 많은 참여자들이 생전 처음으로 자신을 이끄는 중력이 무엇인지 깨닫게 되고, 자연스럽게 미래를 개척해갈 수 있는 동기와 능력을 갖추게 되기도 한다. 하지만 이러한 방식이 20대 청년들에게 적용되기는 매우 힘들다. 이들에게는 주변에서 '하루 빨리 구체적으로 경제적 미래를 개척해야 한다'는 과도한 압력이 끊임없이 작용하고 있고, 그래서 프로그램을 중도에 포기하는 경우가 많다. 경제적 노동이 아닌 '활동' 프로그램을 잘 마친 경우에도 이들 활동이 이력서상의 경력으로 인정받지 못하기 때문에, 특정 나이에 따른 경력을 요구하는 한국 기업의 특성상 취업에 불이익을 겪게 될 수도 있다.

마지막으로 네 번째는 공식적인 지원 프로그램으로 운영되지는 않지만 민간과 공공에서 비공식적으로 널리 퍼져 있는 방식으로, 적극적인 '무위無爲(아무것도 하지 않음)'의 경험을 제공하는 것이다. 사적 영역에서는 장시간 노동, 감정노동, 조직 내 갈등 등으로 인해 번아웃된 개인들을 위한 뉴에이지 혹은 과거회귀적인 가치관에 기반한 프로그램들이 증가하고 있는 것으로 보인다. 명상, 요가에서부터 자조적 커뮤니티나 자아를 찾기 위한 해외여행까지, 자기치유를 위해 '지금은 아무것도 하지 않아도 돼'라는 말로 청년을 사로잡는 서비스들을 많이 찾아볼 수 있지만, 능동적이고 생산적인 무위주의적 가치관은 아직 찾아보기 힘든 실정이다.

사실 청년들의 마음을 자세히 들여다보면, 청년노동의 위기는 일 경험의 부족이 아니라, 나쁜 일 경험 혹은 나쁜 사회관계 경험의 과잉으로 인한 '피로감과 소진현상'에서 비롯되고 있다는 사실을 알 수 있다. 청소년과 미취업 청년들 역시 이런 피로와 소진을 '선험적으로(직접 경험하기도 전에)' 경험하고 있다. 하지만 지원정책들은 청년들에게 또 다른 피로감이나 소외감을 제공하기도 한다. 실제로 지원 프로그램들에 일정 정도의 '문턱'이 있다고 느끼는 청년들을 종종 만나게 된다. 자기 기획력을 갖춘 청년들만이 참여할 수 있는 프로그램이 대부분이고, 조금이라도 불안정하거나 에너지가 고갈된 청년들은 탈락하거나 신청 자체를 포기하는 경우도 많다. 물론 은둔형 니트에 가까운 소수 청년들을 지원하는 것은 어렵겠지만, 30~70퍼센트의 '불안정성'을 가진 청년들도 마음

편하게 접근할 수 있는 채널을 지금부터 마련하지 않으면 안 될 것이다.

이 도시는 청년들을
지지하고 있는가

우리가 거대한 노답 상황에
맞닥뜨리고 있는 이유는, 이 사회가 압축된 성장 과정 속에서 제대로 이
행하지 못하고 지나쳐버렸던 과제들에 발목을 잡혔기 때문이다. 이럴
때 필요한 것은 이행 과정을 제대로 되짚어 보면서 전환을 도모해볼 수
있는 포인트를 찾아내는 일이다. 이를 위해서는 청년들 각각이 느끼는
니즈를 꼼꼼히 파악하고 맵핑하는 작업이 필요하다.

일을 하지 못하는 사람뿐만 아니라 일을 하고 있는 사람도 노답인 현
실을 생각하면, 어설픈 답을 내는 것은 오히려 위험하다. 지금은 정확한
객관식 답안을 만들려 노력하기보다, 청년들이 써내려가고 있는 삶의
에세이에 귀 기울이는 편이 낫다. 물론 청년들의 마음의 변화에 주목해
야 한다고 해서 그들의 마음을 다스리자는 것은 아니다. 나쁜 마음에는
좋은 마음이 아니라 '좋은 일'이 약이다. 숙련을 형성하고 성과를 내는
것보다 '마모와 소진'을 막는 것이 더 중요한 만큼, 단순한 일 경험의 제
공에 그쳐서는 안 된다.

이 엉킨 실을 풀기 위해서는 흔히 진로직업교육이라는 편협한 단어로
통용되어온, 학교-노동 이행 과정의 모든 단위들을 재검토하고 재조립
해야 한다. 과연 나쁜 마음을 몰아낼 수 있는 좋은 일이란 무엇인지, 소
진되지 않으면서 일할 수 있는 방법은 무엇인지, 자신의 노동력을 어떻

게 지속가능하게 유지할 수 있는지에 대해서도 청년 개인에게 답을 내라고 요구하지 말고 사회가 함께 고민해야 한다.

　더이상 일자리를 만들어낼 수 없는 사회에서, 단순히 시대를 잘못 타고 나서 '천민'이 될 위기에 놓인 청년들에게 우리는 무엇을 할 수 있을까. 기본적으로는 노동과 비노동 사이에 존재하는 많은 '일'들을 사회적, 경제적으로 인정해주는 방식으로 노동의 범위를 넓혀야 한다. 그리고 그들이 모멸감을 당할 걱정 없이 일할 수 있도록 조직문화와 사회적 인식을 바꾸는 작업도 필요하다. 끝도 없는 불안감을 안겨주는 것이 아니라 '그래도 너는 인간이다, 살 가치가 있다'고 말해주는 것, 그리고 그 근거가 될 가치와 방법의 체계를 만들어내는 것이, 지금 우리가 해야 할 가장 중요한 일이다.

민호 씨의 3년 후

직장인, 취준생, 다시 직장인

2013년 4월, 나는 석사학위 논문 예비조사를 위해 제주도에 있었다. 관심을 두고 있던 테마는 '다운시프트Downshift', 즉 한국 사회의 '빠른 속도'와 '높은 생산성'의 삶으로부터 떠나는 사람들이 늘어나던 당시의 경향성이었다. 그리고 제주도는 도시에서 회사를 그만두고 삶의 전환을 꾀하는 사람들 중 적지 않은 이들이, 일시적 혹은 장기적 정착지로 선택하는 지역으로 부각되고 있었다. 나는 삶의 전환을 고민하거나 실행 중인 이들을 만나고 싶었고, 시간을 쪼개어 이미 인터뷰를 약속한 이들이 살고 있는 동네와, 도시에서 온 장기 여행객들이 주로 묵는다고 알려진 게스트하우스에 잠시 머물렀다. 나와 동갑내기인 정민호 씨(가명)는, 그곳에서 만난 이들 중 한 명이다.

그 짧은 조사 기간 중에도 나는 회사를 그만두고 '자기 치유'와 '재충전'을 위해 제주도로 여행을 오거나 혹은 아예 살기 위해 모여든 20~30

대의 다양한 사람들을 만날 수 있었다. 직장생활을 그만두고 농부가 된 사례나 목수 노동자로서의 생활과 백수를 오가며 살아가는 경우, 대기업을 그만두고 혼자 혹은 친구들과 함께 의기투합해 게스트하우스나 작은 가게를 꾸리는 사례, 마침내 제주도에 자신들의 식당을 연 젊은 셰프들, 중소기업과 비영리 기업에서의 업무에 치이다 제주도로 내려와 여행을 하거나 게스트하우스 스텝으로 일하는 등 노동과 여행을 번갈아 하며 지내는 경우, 다양한 직종의 회사를 전전하다 또다시 이직을 준비 중인 경우 등 사람들은 제각각의 길고 짧은 이야기들을 가지고 있었다. 이들의 서사 속에는 회사와 도시에서의 소진burn out과 관련된 다양한 농도와 채도의 경험들이 새겨져 있었고, 이들의 마음속에는 방식의 면면은 다를지라도 '이제까지와는 다르게 살아보고 싶다'는 공통적인 생각이 자리 잡고 있었다.

　서울로 돌아온 후, 나는 이 사전조사를 토대로 '삶의 전환에는 이전의 노동-삶의 서사가 깊이 연관될 것'이라는 거친 가정을 세웠다. 그리고 이 가정을 검증하기 위해 퇴사자들의 회사 경험을 광범위하게 수집하는 것을 이후 프로젝트로 삼았다. 그리하여 그해 여름, 서울에서 민호 씨를 다시 만나 더 많은 이야기들을 듣게 되었다. 이 글은 그날 3년 전의 민호 씨, 그리고 지금의 민호 씨(들)에 대한 이야기이다.

이 시대의 고(高)스펙자,
그럼에도 불구하고

　　　　　　　　　　　　　　민호 씨는 그곳에서 내가 만

난 많은 이들처럼 '제주 이민'이나 귀촌 등 이전 형태와 전혀 다른 삶의 궤도 전환을 꿈꾸던 사람은 아니었다. 오히려 그중에서는 가장 '평범한' 편이었다고 할까. 간단히 설명하자면 그는 '좀더 괜찮은 조건을 찾아 이직을 준비 중인 27세 청년'이었다. 무역 관련 회사에서 1년 4개월을 다니다 퇴직하고서 공사로 이직을 준비 중이었다. 소위 '스펙'도 나쁘지 않았다. 아니, 내가 보기에는 우수한 정도였다. 많은 20대 청년 취업 준비생들이 그러하듯이 말이다. 학점은 백분율로 92퍼센트 내에 들었고, "SKY"라 불리는 명문대는 아닐지라도 서울 소재 대학의 국제학부를 다니며 부지런히 스펙을 쌓았다. 중국으로 교환학생을, 미국으로 어학연수를 다녀왔으며, 고득점의 토익 점수를 만들었다. 봉사활동과 수상경력은 물론, 워크캠프 경험도 있고, 중국어 자격증은 최고 등급이다. 다만 큰 실패가 없어 "복사─붙여넣기한 자소서"에 삶의 '스토리'가 부족해 보이는 것이나, 면접에 자신이 없던 점만 빼면 '단군 이래 최고 스펙 세대' 중에서도 그의 스펙은 결코 나쁘지 않을 것이었다.

그는 대학 5학년 1학기(휴학 기간을 포함한)를 다니던 중 무역 관련 중소기업에 취직했다. 많은 친구들은 대체로 대기업만을 바라보고, 그 역시도 대기업 해외팀을 목적으로 많은 원서들을 넣었지만 계속 불합격이었다. 그러다가 비교적 '안전한' 중소기업들에도 함께 원서접수를 했는데, 그중 한 군데에서 합격 통보가 온 것이다.

국제학부 들어가서 해외로 출장도 한번 나가보고 비행기 타고 해외 바이어랑 악수도 해보고… 그런 거 해보고 싶은 로망? 그런 게 있잖아요. 드라마에서 보던 주재원도 해보고 싶고. 그런 걸 막연하게 꿈꾼 거죠, 처음에는. 결국엔 그 일을 하게 된 거죠. 그래서 결과적으론 (취직 되어서) 좋긴 했었는데, 회사에 다니면서 다시 생각하게 된 거죠. 이게 정말 내가 원하는 길이었나? 그래서 고민을 하다가 딴 일을 해야겠다 생각을 한 거죠. _2013년 7월

퇴사에는 여러 고민들이 중첩돼 있었다. 회사생활은 살이 과도하게 빠질 정도로 스트레스를 불러일으켰다. 체계와 효율성 없는 업무 방식은 내가 온전히 '굴러서' 배워야만 하는 주먹구구식의 혼란을 통해 유지되었고, '시키면 무조건 해야 하는' 과도한 업무 부담, 그 와중에 야근은 이어지지만, 노조도 없는 회사에서 이렇게 쌓인 불만을 먼저 나서 문제 제기할 수 있는 사원은 그를 포함해 아무도 없었다. 환상을 가졌던 것과 달리 보람도 없고, 술로 '어찌어찌' 해결하려고 하는 영업직의 업무 성격 등은 고민을 더욱 가중시켰다. 더불어 사표를 내는 데 가장 결정적으로 영향을 미쳤던 것은 "회사에서 이렇게 열심히 일하는 노력이라면, (더 나은 조건인) 공기업을 못 갈까?"라는 생각이었다.

애초에 간절한 마음으로 기대했던 직장이 아니었고 '여기도 한번 지원서를 써보자' 하는 마음으로 지원한 곳에 합격된 곳이라, "뼈를 묻어야겠다."는 사명감은 없었다. 야근을 하면 밤 12시까지도 일하는데, 그러한 열정과 에너지를 다시 취업 준비에 온전히 쏟아본다면 남들이 '신의 직장'이라 말하는 공기업으로의 이직을 할 수도 있지 않을까 싶었다. 그러다 보니 "내가 이렇게 일 하면서 이것밖에 못 받아? 대기업 다니는 친구들은 더 빨리 퇴근하면서 나보다 복지도 좋은데, 내 일과 내 가치가 이것밖에 안 되나?" 하는 상대적 박탈감도 함께 찾아왔다. 고3 때는 점수에

맞춰서 '있어 보이는' 대학, '있어 보이는' 학과에 입학했다. 대학 때는 전공할 국가를 택해야 한다기에 가장 잠재성이 커보이는 중국을 선택했다. 공부하던 대로, 다른 친구들처럼 취업 준비하는 대로, 그렇게 "흘러가는 대로" 살아온 삶에 대한 회의가 그제야 찾아왔다.

　무역을 하는 선박회사에서 새로운 선박을 갖게 된다는 것은 대단한 일이다. 그 배 한 척의 값어치는 몇 백 억이나 되기 때문이다. 그러다 어느 날, 회사에서 선박을 한 척도 아닌 세 척이나 갖게 된 엄청난 '사건'이 일어났는데 그럼에도 하나도 기쁘지가 않은 자신을 발견하고서, 그는 생각하게 된다.

　　내 회사에 전환점이 될 만한 큰 사건이 벌어져서 경사가 났는데도 별로 감흥이 없는 거죠. 그거 느끼면서, 하… 회사에서 뭔가 자아성취를 하겠다는 건 욕심일 수 있겠다는 느낌이 들었어요. 기성세대같이 돼버리는 거죠. '회사에서 주는 돈 받고서 그냥 뭐, 정년까지 잘 다니면 된다.' 지금도 다르지 않아요. 자영업이 아닌 이상, 내가 노력하는 만큼 인센티브가 오지 않는 이상, 자아성취 같은 것을 할 수 있을까? 직장생활에 대한 한계를 느꼈어요. _2013년 7월

　업무가 최고조로 가중되는 시기인 12월, 결국 그는 비교적 '편하게' 체계화된 업무, '적당한' 연봉, '적절한' 휴가와 출퇴근으로 시간적 여유를 가능케 할 새로운 직장을 찾아 회사를 그만둔다. 다시 취업 준비를 시작하며 그는 이것을 출발선을 넘기 전까지는 어디로든 출발할 수 있는, 그러한 "새로운 도전"으로 여겼기에 충분히 해볼 만했다.

절망의 키워드로
절망의 젊음

　　　　　　　　　　　　그로부터 3년이 지난 2016년
1월, 이전의 인터뷰 자료들을 다시 살펴보다가 내가 민호 씨의 이후 이
야기를 듣고 싶다고 생각하게 된 데에는 몇 가지 이유가 있다. 첫째, 당
시 그가 내게 들려준 사표의 사유와 이직의 기대를 지금 다시 보니, 이는
현재 한국에서 청년 세대가 일에 대해 가장 선망하는 요건에 속할 '시간
적 여유와 안정된 자리'라는 조건과 일치하는 것으로 보였다. 난 그를 통
해 2013년에 27세였고 2016년에 30세가 된 '정민호'란 특수한 개인이
아니라, 평범한 청년 세대의 얼굴을 들여다볼 수 있길 바랐다. 다른 많은
젊은이들처럼 그가 일에 대해 꾸는 꿈, 직장에 거는 기대, 이를 위해 그
려온 20대 삶의 궤적을 통해 말이다.

　젊은 세대의 노동과 직장인들의 삶에 대해 연구하는 과정에서, 나는
최근 몇 년 사이에 청년들이 가질 수 있는 '직장생활의 기대'는 크게 나
눠 '시간'과 '돈', 두 가지 키워드로 압축되었다는 생각을 하게 됐다. 자
아실현, 일의 재미, 즐거움 등의 요소는 이제는 청년과 노동에 대한 논의
에 끼어들 틈이 없는 것 같다. 현재 한국 사회에서 그 두 주제를 엮는 담
론들은, '청년실업'을 넘어 '니트' '비정규직' '계약직' '열정 페이' '갑
을 관계' '헬조선' (기업문화 등의) 미개함' '사축' 등 각종 절망의 키
워드들로 풍요로워졌다. 과거에는 일에서 보람과 평생직장의 안정감이
나마 얻길 기대하는 마음이 있었지만, 그것이 이제는 더이상 불가능한
상상이 되어가고 있음을 대부분의 청년들은 인지하고 있다.

　민호 씨가 공기업에 입사하길 바랐던 것은 연봉을 낮추더라도, 한국

에서 얼마 남지 않은 '안정적 직장'을 다니고 싶다는 염원이 포함된 것이다. 이처럼 공공기업, 공무원 등의 '드문 철밥통의 신의 직장'에 지원자가 몰리지만 워낙 경쟁이 치열하기에, 결과적으로 반수가 넘는 청년들은 비정규직 혹은 계약직의 신분으로 첫 직장에 들어서게 된다.* 그러다보니, 젊은 직장인들은 자기계발이나 취미생활을 즐길 "저녁이 있는" 개인 시간이라도 가능하기를, 혹은 시간적 여유와 고용 안정을 기대할 수 없는 경우라면 '건강과 영혼을 팔며 일하는 것'을 연봉으로나마 보상받을 수 있기를 바라는 욕구로, 기대를 '축소' 혹은 '현실화'하게 된다. 그러나 그것은 결국 대부분에게 이뤄지기 불가능한 바람이라는 점에서, 오히려 두 욕구는 더더욱 개인의 내면에서 강화되고, 현실 속에서는 숭배되고 있다고 쓰는 게 맞을까.

현재 이토록 노동 진입이 혹독해진 현실 속에서도 평균 11개월을 준비해 회사에 들어간 청년 10명 중에 6명은, 15개월 만에 첫 일자리를 그만두고 있다.[1] 민호 씨가 다닌 첫 회사의 근속기간과도 거의 일치하는 수치다. 이 결과는 단지 '아무튼 요즘 청년들은 인내심이 없단 말이야!'라는 말의 근거 자료로 쓰이기에만 적합한 자료일까? 이것은 실제로 청년들이 어렵게 회사로 진입한 이후에도, 이를 지속하기가 어려울 정도로 열악해진 현재의 노동조건, 청년들의 기대와 바람과는 어긋나는 회사생활을 적나라하게 일러주는 수치기도 하다. 저녁 시간의 적절한 여유와 휴가를 즐길 수 있길, 그리고 고용의 공포를 느끼지 않길 바라는, 그런

---

* 한국노동연구원의 자료에 의하면 2015년 8월 기준, 임금근로자로 신규채용(근속기간 3개월 미만)된 15~29세의 청년 중 64퍼센트가 비정규직이라고 한다. 김복순·정현상 "최근 비정규직 노동시장의 변화: 2015년 8월 근로형태별 부가조사를 이용하여", 월간 『노동리뷰』 2016년 1월호, 91~108면.

'평범한 일의 꿈'을 꾸었던 민호 씨. 3년이 지난 지금, 그는 새로운 회사에서 그 꿈을 이루었을까? 그 꿈은 지금 어떤 모습을 하고 있을까, 나는 궁금했다.

둘째로, 무엇보다 당시의 그는 나로 하여금 진취성과 열정의 에너지를 충분히 느끼게 할 정도로, '긍정적인 청년'의 느낌을 물씬 풍기던 사람이었다. "사람이 미래다" "힘내라, 청춘아!" 등의 광고 카피를 통해, 우리 사회가 추구하고, 호명하며, 찾아 헤매던 그런 도전적인 청년의 모습을 하고 있었다.

첫 직장에 들어갔을 때의 자신의 모습을, 그는 '굉장히 배가 고팠을 때 밥 먹으면 맛있게 먹을 수 있지만, 배가 부를 때는 그게 맛있는지 모르지 않느냐'라는 표현을 통해 명쾌하게 설명했다. 그렇기에 많은 노력을 들이고, 눈물 날 만큼 열심히 해본다면 이후 자신의 삶의 모습과 태도는 달라질 수 있다고 믿었다. 그런 "간절함을 가질 만한 회사를 찾아보자." 생각했다. '회사는 다 원래 그런 거야'라며 직장생활에 냉소하는 이들의 고정관념에 왜 동화되어야만 하나, 그는 반문이 들었고 때문에 쉽게 인정할 수 없었다. 더 좋은 직장이 가능할 거란 생각이 들었던 것이다. 그때의 민호 씨는 내가 주변에서 본 그 누구보다도 '좋은 직장'을 향한 패기와 열정을 가진 적극적인 청년상으로 보였다. 그것이 또 한 가지의 이유였다. 기성세대의 충고, 사회가 '성공하지 못하는' 청년들에게 하는 조언의 모습을 거스르지 않고 살아오던 그의 노력과 열정이 3년 뒤 어떠한 결실로 돌아왔을지 확인하고 싶었다.

난 살아오면서 실패를 한 번도 하지 않았던 거 같은 거예요. 잘 해서 실패를 안 한 게 아니라, 실패할 걸 두려워했기 때문에 피해왔던 거예요. 안정적으로 살길 원했던 거죠. 뭔가 전환점을 갖고 싶었어요. 난 왜 한 번도 실패를 해보지 않았을까, 왜 그렇게 살았을까? 이제껏 안 가던 길을 가보자. (중략) '아프니까 청춘이다' 그런 것도 자극이 된 거 같아요. 남들은 허황된 얘기라고 하는데, 나에 대한 얘길 하니까… (자극이 되었어요.) 못 봤던 면을 보게 해주고, 인생은 그렇게 짧지 않고, 멀리 볼 줄 알아야 되고, 그런 얘길 많이 해주잖아요. 공감을 많이 했어요. 열심히 살 때 어떤 방향으로 열심히 살 것인가, 삶의 질을 좀더 높일 필요가 있겠구나 그런 생각을 했죠. _2013년 7월

마지막으로, 그 사이 민호 씨의 삶에는 취업과 결혼 등 새로운 사건들이 일어났다. 그의 삶 속에서 새롭게 변화한 위치와 조건들이 그간의 그의 생각에 어떠한 영향을 주었고, 어떤 역동적 무늬를 만들어내고 있을지 듣고 싶었다. 그러한 이유들이 합쳐져, 다시금 3년 후의 그를 만나게 했다.

3년 후의 민호 씨 :
다시 직장인

3년 후 그와 다시 만난 날, 그는 또 다른 스터디 멤버와 함께 공부를 하던 중이었다. 각종 경조사가 몰리는 오후를 피해 배정된 주말 오전의 영어 스터디 이후였다. 취업 이후에도 스터디라고? 그는 '배운 것을 까먹지 말자'는 차원이라고 했는

데, 오전에는 자유로운 영어토론, 오후에는 중국어 스터디를 한다. 업무에 사용하거나 대비하기 위해 영어를 공부하는 직장인들이 주요 멤버다. 쉴 시간도 모자랄 텐데 주말까지 나와 공부하는 부지런함에 내가 감탄하자, 그는 일주일에 48시간밖에 없는 온전한 자기 시간을 그저 '잠에 뺏기는 것'이 싫다고 했다. 혹은 이렇게 "부지런한 삶이란 얘기 듣고 싶어서"인 것 같기도 하다고.

결혼한 지는 반년이 조금 넘었고, 2년 전 들어간 회사에서는 자신의 영역을 찾아가는 중이다. 새로운 회사는 비영리 사단법인에 속하는 Q협회. 협회는 해당 업계를 대표하는 업종별 전문 단체다. 해외시장 개척, 수출상품의 해외 홍보, 해당 업계에 대한 연구, 정책 지원 등의 일을 하는데, 그는 Q협회에서 해외 마케팅을 담당한다. 민호 씨의 대학에서의 전공, 무역 관련 업계에서의 경험, 외국어 실력 등이 당시 신사업의 담당자를 찾던 협회의 요건과 잘 맞아 떨어졌던 것이다. 입사지원서를 60여 개 넣었던 첫 취업 준비 시절만큼의 원서를, 이번에도 넣었다. 공사 입사가 1순위였지만, 극심한 경쟁률을 뚫고서 마냥 '붙을 때까지' 준비할 수만은 없어서 스스로 1년의 기한을 정해두었다. 1년이 지나면 회사생활하며 모아둔 돈도 바닥날 테고, 심신이 힘들어질 뿐 아니라 이력서에도 큰 공백이 생긴다고 보았다. 그뿐만 아니라, 그해 스펙 경쟁을 타파한다는 이유로 공공기업을 중심으로 '스펙으로 계산할 수 없는 능력 측정'을 위한 다양한 시험 방식들이 새롭게 생겨났다. 30개가 넘는 문항을 요구하는 자기소개서를 보고도 혀를 내둘렀는데, 그보다 더 험난한 관문이라니! SNS를 통한 마케팅 등의 체험형, 창의적인 아이디어 제안 등 생전 준비해본 적 없는 입사 시험들이 생겨나고 있었고, 취업 사이트에 "우린 이제 어떻게 하란 말이냐!"는 취준생(취업 준비생)들의 성토가 이어졌다. 그러다보니 더 시간을 끌다가는, 이도저도 안 될 뿐더러 '돌이킬 수 없어질 것만' 같았다. 그런 까닭에 사기업을 제외한 공사, 협회, 공공기관 등 공기업에 최대한 많은 입사지원서를 넣었다. 그러다 1년이 다 되어가던 차에, Q협회에 합격했다. 그쪽의 일자리가 매력적이었던 것은 무엇보다도 고용 안정성 때문이었고, 협회에서도 적당한 업무와 월급, 정년퇴직이 가능하단 얘길 들었다.

> 실상 꼭 그렇지만은 않았어요. 특수한 직종이나 공무원들 빼고 정말 우리나라에 철밥통은 없구나, 그걸 몸소 느끼고 있거든요. 이제는 진짜 진검 승부를 해야 하는 시대가 왔나 싶어요. 진짜 자기 능력을 가지고서 일해야지 그나마 이런 협회에서도 살아남겠구나. _2016년 1월

여기는 시장과 공공 그 중간 어딘가에 있는 것처럼 느껴졌다. 한국 사회의 Q업계라는 전체 산업의 발전을 위해 일한다는 공적인 측면도 있지만, 성과도 보여주어야 했다. 또한 사기업 못지않게 '라인'을 타는 것이 중요했고 내부의 '기득권'이 있었으며, 무엇보다 Q협회의 역사는 몇 십 년이나 되는데도 나이 많은 직원이 보이지 않았다. '그분들은 다 어디 갔을까?'라는 물음에 이르자, 여기도 기대만큼 안정적이지는 않단 생각이 들었다. 그리고 만일 사업이 타격을 받으면 회사는 규모를 줄일 테고, 그럴 때 내가 '열심히 해두지 않으면' 위험할 것 같았다. 그는 말했다. "이 회사만 보고 있을 수 없겠다, 내 스스로 역량을 키워놓지 않으면 정말 나중에 처자식 있는 상황에서는 힘들겠다는 생각이 들어요."

그러면서 그는 공무원연금법과 최근 이슈가 된 정부의 일반해고 취업규칙*에 대한 얘길 꺼냈다. 우리 사회가 그간 있어온 (공무원에 대한 고용안정, 연금 등의) '특권'을 점차 없애고, 점점 완전경쟁시장으로 가고 있다는 생각이 드는데, 회사 내에서 체감하는 것뿐 아니라 외부적으로도 그 압력이 느껴져 더는 "남의 얘기"가 아니라는 생각이 든다고 덧붙였다. 나는 솔직히 그의 입에서 이러한 사회 이슈에 대한 얘기가 먼저, 또한 너무도 자연스럽게 나오는 것에 조금 놀랐다. 왜냐하면 3년 전의 그는 스스로를 "회색분자"라 표현할 정도로 정치사회적인 이슈에는 거의 관심이 없어 보였고 때문에 인터뷰 중에도 그런 이야기를 나눌 틈은 없었기 때문이다. 그런데 그가 지금 두산의 '신입사원 희망퇴직 사태'를 언급하며 "노동 유연화 흐름이 언젠가 내 발목을 잡을 수도 있겠다."고 내게 말하고 있다. 최고는 아니더라도 남들이 원하는 직종으로 들어왔는데 여전히 불안한 자리를 느끼며, 사회적 이슈가 내 삶과 밀착돼 있다는 것을 깨달으면서부터 "관심을 가질 수밖에 없게 된" 상황이 된 것이다. 파견법, 무상보육 등의 '정치 이슈'들이 곧 내 삶의 이슈이기에 알고 있어야 대비라도 하지 않겠느냐 내게 반문한다. 그 사이, 더 급속히 나빠진 한국노동의 현실은 그의 입으로부터 다시 한 번 내게 들려졌다. 날품, 월품, 연 품을 파는 떠돌이 단기생활자 삶의 노동 서사는 더는 머나먼 계급의 특수한 이야기가 아닌 것이 되어가고 있다.

---

* 현행 근로기준법의 해석에서는 타당한 징계 사유가 있는 징계해고와 '긴박한 경영상의 이유'로 하는 정리해고만 인정한다. 일반해고 취업규칙은 '근무 성과가 저조하다'라는 이유로 절차에 따라 해고할 수 있도록 하겠다는 것인데, 이 '근무 성과'나 '업무 능력'은 회사의 입맛에 맞게 주관적으로 이용·해석될 위험이 있기 때문에 노동계에서 크게 반발해왔다. 그럼에도 2016년 1월, 정부는 일반해고, 임금피크제 도입 등을 위해 취업규칙 변경 요건을 완화하는 양대지침을 발표하고 이를 실현시키기 위한 강한 의지를 보이고 있다.

그의 이야기를 따라가다보면 우리는 알게 된다. 그가 패배의식에 휩싸여 자신의 삶을 가꾸는 데 소홀해온 사람이 결코 아니란 것을 말이다. 그런데도 주말 늦잠을 공부에 양보할 만큼 부지런하고, 불확실한 현실 속에서 미래를 착실히 대비할 정도로 '늘 준비해 온' 그의 '준비의 삶'은 마무리되지 않는다. 만료된 토익 성적을 다시 만들어두고, 국제무역사 자격증을 준비하고, 중국어 자격증 유효기한을 유지하며, 건강과 체력을 가꾸고, 언젠가 취업에 도움을 받을 수 있도록 상시적 인적 네트워크를 관리한다. 그에게 웹툰 「미생」 속의 활기찬 노동의 모습은 회사와 내가 동일시되던 IMF 이전의 모습이며, 이제는 불가능해 보인다. 취업 준비와 입사를 거치며 그가 깨달은 것은, 일에서 자아성취란 순진한 얘기이고 회사는 날 책임지지 않으며, 회사생활은 누구에게나 '총량치 100'의 괴로움을 안겨주는, "회사가 해줄 수 있는 만큼만 내가 해주면 되는" 그런 기계적 관계란 점이었다.

대화 중반 정도에 이르러 내가 조심스레 3년 전과 확연히 달라진 우리의 대화 내용, 그리고 전에 없던 날카로움과 냉소주의를 느끼게 하는 그의 대화 톤에 대해 이야기하자 그는 대답했다. "제가 왜 이렇게 바뀌는지, 이제 알 것 같아요. 시도해봤는데 안 됐잖아요!"

'금수저'와
'흙수저' 사이에서

사실, 그의 말에 의하면 자신이 퇴사와 이직을 생각할 수 있던 '배짱'도 평탄한 "집안 환경이 받쳐준 덕분"이었다고 했다. 하지만 가난 때문에 특별한 장벽을 느껴본 경험이 부재한 민호 씨라 할지라도, 마트노동자인 어머니와 포장 관련 업체에 다니는 아버지를 가진 그는 '서민층'에 속한다. 그럼에도 소위 '금수저' 친구와 '흙수저' 친구 사이의 삶의 커다란 간극을 보다 보니 그 가운데 어디쯤 위치한 자신의 삶이, 그나마 생계지원이나 빚 청산의 압박은 느끼지 않아도 되는 "부의 대물림"으로 느껴지기까지 한다.

실제로 민호 씨 부모님 세대는, 결정적 재앙이나 커다란 곡절이 없다면 열심히 가계를 운영해 중장년층 이후에는 경기도 인근에 작은 아파트 하나는 얻을 수도 있었다. 그들의 유일한 노후 수단이 될 터였다. 덕분에 그들의 아들, 민호 씨는, 부모님 소유의 아파트에 신혼집을 '잠시'나마 차릴 수 있었다. 민호 씨의 세대, 우리의 세대는 어떨까? 결혼한 이들 부부에게는 곧 자녀 계획이 있을지도 모른다. 그러나 그의 대답은 비관적이다.

솔직히 그 아이를 위해서 못 낳겠어요. 한국이라는 사회가 애 키우기 좋은 사회가 아닌 것 같아요. 건강하게 자라기 힘든 사회인 것 같아요. 사자나 호랑이도 애기 때는 다 장난치고 즐겁게 물고 뜯고 놀며 사는데, 한국 사회에서는 살아남으려면 애기 때부터 경쟁하면서 제도권 안에 틀어박혀 살 수밖에 없는 그런, 컨베이어 벨트 같은 느낌? 내 아이를 저만큼 시키지 않으면 안 되는, 오히려 부모가 더 그 경쟁을 부추기잖아요. 한 달에 100, 200 하는 영어유치원 보내지 않으면 도태되는 것처럼 느껴지는 그런 불안한 사회… 나도 그게 싫은 거고 그걸 또 해야 하는 애도 얼마나 싫겠어요. 그렇게 해줄 만한 돈도 없고, 사실. 그러면 태어나면서부터 루저looser가 될 게 확실해 보이는 이 사회에 태어나게 하는 것이 과연 맞는 건가? _ 2016년 1월

간호사로 일하며 자신보다 월급을 더 많이 받는 아내, 친구들이 부러워하는, 어쩌면 미래에 그의 것이 될 수도 있을 부모 명의의 아파트, '현재의' 안정적 일자리, 특별한 지원을 필요로 하지 않으시는 양가 부모님의 상황. 일면 보기에 그의 삶은 평탄해 보인다. 큰 '변화'가 없다면, 삶은 평탄할 것이다. 하지만 이 '큰 변화가 없다면'이라거나, '예상 가능한 미래' '장기적 전망' '남과 같은 평범한 일상' 같은 방식을 통해 가능하던 삶의 주기는 이제는 수정이 요구되는 구상인지 모른다. 그가 말하듯이는 단순히 그들 가족의 현재 직업이나 연봉뿐만 아니라, 사회적 차원에서의 위협과도 연동되어 있다. 여전히 개별 가족 변수는 유효하다. 그러나 이제는 그것만으로 삶의 희망이 보장되지는 않음을 그는 말해주고 있다. 야생의 밀림보다 더한 야생, 태어나면서부터 어떤 아이들은 '루저'가 될 불행한 운명이라고 예견되는 그런 사회에서 대부분의 아이들이 불행할 것이라고, 그는 본다.

다양한 시도가 가능했던 어린 시절을 지나 점점 미래의 선택지가 사라지는 것처럼 보이는 삶 속에서, 단 하나의 선택지만 남는다. 로또를 기대할 수 없다면 "지금 하는 일이라도 열심히 하자". 그렇게 내 인생의 무력함과 앞이 보이지 않는 사회의 막막함이 더해져, 이러한 사회에서 내 자녀들이 살아갈 것을 상상하면 더욱 비관적이 된다. 그것이 그에게 자녀 계획을 미루거나, 두렵게 하는 커다란 이유였다.

엄청나게 정상적이고,
믿을 수 없게 가까운

유난히 속도와 리듬이 빠른 한국 사회에서 3년 전이란 가깝지만은 않다. 2016년의 청년들은 '아프니까 청춘'이라는 말에 더이상 어떤 감동도 느끼지 못하게 되었고, 진취적 청년을 수식하던 '열정'은 이제 '뭣 모르는 순진한 청년'이 가슴에 품은 이상 혹은 노동 착취의 대표작인 '열정 페이'란 말로 더 자주 쓰인다. 지금 오히려 이들의 심금을 울리고 있는 건 '헬조선'과 '금수저·흙수저'론 쪽이다. 청년을 둘러싼 담론 세계도 이렇게 극단으로 옮겨졌고, 민호 씨라는 한 명의 삶에도 새로운 가정과 일터 등 다양한 궤적들이 생겨났다. 그리고 그 삶의 궤적에는 그간의 한국 사회와 노동의 현실, 담론의 변화가 깊게 새겨져 있다.

나는 그의 대답 속에서 여러 가지 상태가 혼재된 모순적 감정들을 읽는다. 그는 "부의 대물림"이라는 혜택을 받은 삶에 감사하면서, 한편으로는 상대적 비교를 통해 넘을 수 없는 계급의 강을 경험한다. 이전보다 월급은 낮지만 과하지 않은 업무 시간과 업무량, 신사업을 추진하며 얻는 새로운 기회에 만족을 느끼면서도, 영원히 피고용자일 수밖에 없는 약자의 위치에서 위협을 느낀다. 더 힘든 역사를 살아오며 부모 세대가 쏟은 노력의 총량은 우리보다 훨씬 더 컸을 것이기에 "요즘 것들은 물러 터졌다."는 기성세대의 말에 공감하면서도, 동시에 나와 친구들의 삶에 가능한 선택지란 거의 남아 있지 않음을 깨닫는다. '내집을 마련하는 것은 늦더라도 가능은 할 것'이라 낙관해보지만, 그는 이 사회에서 아이를 낳는 것에는 '못할 짓'이라고 단호해진다.

부모가 살뜰히 마련한 집을 '거저' 가져서는 안 될 일이라고 생각할 정도로 착실한, 엄청난 부는 아닐지라도 부모의 재산 축적의 노력을 "천재지변이나 운이 가리지 않은 다행" 덕에 빚 없이 사회로 진출할 수 있던, 주어진 조건에서 최선의 노력을 하며 살아온, 'N포세대'라는 이름이 배경음악이 된 시대에 취업-연애-결혼-집을 '성취'할 수 있던 개인의 삶. 그럼에도 민호 씨가 보는 미래의 이름은 '희망 없음'이다. '탈조선'의 심정은 이해하지만, 그는 한국에서 살아가고 싶다. 그러나 "행복하게 살 거 같진 않"다. 그저 적당한 타협으로 살아갈 뿐. 민호 씨는 아마도 휴지한 칸도 아껴가며 정직하게 살아오신 부모의 모습을 통해 '노력하면 잘 살 수 있다'는 낙관주의와 긍정적인 태도를 배워왔을 것이다. 그러나 지금의 그는 사회로부터 "해봤는데 안 돼."라는 비관을 학습하고 있다.

우리의 마지막 대화는 어두웠다. 나는 그보다 조금은 더 알고 있는 지식으로 더는 좋아지지는 않을 사회, 극심해지는 사회적 불평등, 점점 짧아지는 기술과 직업의 주기에 대한 '먹물'스러운 이야기를 늘어놓았다. 그러고는 이내 그에게 괜히 과한 절망을 안겨준 것은 아닌가 자책감이 들었다. 그러나 이미 그 역시, 이직 이후에도 노동의 삶에 온전한 답이 없는 현실 한가운데에서 나보다 더 큰 경험적 지식을 체감하고 있는 중일 것이다.

평생직장과 평생직업의 차이에 대해 일찍이 고민해온 듯한 민호 씨는 3년 전에는 은퇴 후 직업으로 여행을 테마로 한 카페 주인이나, 글 쓰는 작가를 생각 중이라고 했다. 다시 만난 그는, 이제는 과잉공급으로 인해 레드오션이 되어버린 카페 운영은 곤란할 것 같지만, (아직 글을 완성해보진 못했으나) 시나리오 작가 같은 '콘텐츠 기반'의 직업은 여전히 고려

중이라고 했다. 산업과 직업, 한 콘텐츠가 가질 수 있는 수익창출의 유효 기한이 극도로 짧아지며 그 흐름을 쉽게 예상하기조차 힘들어진 현재. 그가 실제로 이를 실행하게 될 30년, 아니 10년, 혹은 3년 후 그의 평생 직업의 고민은 어떤 모습일까, 나는 가늠할 수 없었다.

　작가 손아람은 얼마 전 '신년사'답지 않은 2016년 '신년사'[2]에서, 5년 전 자신이 만난 '전태일'이란 이름을 가진 청년들의 최근 근황을 전했다. 당시 대학생이던 그 전태일들은 아르바이트와 학업을 병행하거나, 혹은 등록금 부담으로 휴학을 한 상태였다. 손아람은 이러한 힘든 상황에서도 그들이 "이렇게 영원히 살진 않을 거라는 믿음"에서 연유하는 밝은 모습을 하고 있었음을 기억하고 있었다.[3] 그러나 5년 후인 지금, 이 전태일들의 거취는 과거의 그들이 꿈꾸던 고시합격자, 영화감독, 식당 주인 등의 모습이 아니라 자퇴, 연이은 아르바이트, 산업재해, 건물주의 횡포 등과 관련되어 있다. 성실히 살던 그들의 현재는 과거와 비슷하거나, 좀 더 나빠졌다. 5년 전의 이 전태일들의 이야기가 실렸던 책의 제목은, 공교롭게도 (아니, 자연스럽게도) "너는 나다."였다. 본 적 없는 그들의 얼굴에 나는 내가 만난 민호 씨의 이야기가 희미하게 겹쳐지는 것을 느낀다.

　그들의 5년이 그러했듯 민호 씨에게 역시 '열심히 살아도 더 좋아지지는 않는 미래'를 경험하기에 3년은 짧은 기간이 아니었다. '죽을 힘을 다 해봐도 안 된다면, 그래도 나의 문제일까?'라는 질문을 경유해, 그는 이제 한국 청년들이 우리 사회를 너무도 잘 알게 된 것 같다고 말한다. 그 물음은 분명 민호 씨 혼자만이 갖고 있는 의문이 아니다. 지금의 현실이 '나'의 문제가 아닌 '사회'의 문제라는 그의 의견에, 난 동의했다. 또한 그는 묻고 있다. '그 사이 사회가 변한 건가, 내가 변한 건가?'

정말 변한 것은 무엇일까? 3년 사이 생겨난 복잡다단하고 때로는 내 예상을 뛰어넘는 그의 마음과 생각의 변화는 사실 극히 '정상적'인 것이며, 때문에 이것은 더이상 희망찬 미래를 믿지 않게 된 냉철하고 혼란스러운 청년 세대의 지금을 그대로 반영하고 있었다. 만일 그렇게 또 3년을 겪어낸 후 우리가 다시 만나게 된다면, 그때는 무슨 얘길 하게 될까.

나 오늘 인터뷰 하면서 이렇게 3년 전에 민호 씨가 하셨던 얘기 들으시면 어떤 생각 드세요?

민호 순진했다? (웃음) 너무 단순하게 살았나? 어떻게 공기업이란 말만 듣고서 안정적인 직장이 보장될 거란 생각을 했지? 너무 낙관적으로 봤단 생각도 들고. 3년 전의 제가 키 작은 중학생 정도로 보이네요. 그런데 예전에도 그랬나 싶은 거죠. 예전에도 우리 사회가 이랬나? 나는 그냥 뉴스 안 보고 살아서 잘 몰랐던 건가? 우리 사회가 원래 이렇게 힘든 곳이었나? 요즘 들어 살기가 힘들어진 건지, 아니면 내가 점점 깨닫게 된 건지⋯ 잘 모르겠어요. _2016년 1월

03

벌레가 되는 삶

모두가 '벌레'가 되어가고 있다
양기민_문화사회연구소 연구원

예로부터 해충은 인간의 재물을 갉아먹거나 좀먹는 존재들이었다. 생산과 생산 과정에 도움을 주기보다는 생산물을 갉아먹으며 살아간다. 더이상 성장이 불가능해져가는 사회에서 청년들은 생산에 참여하지 못하기에 갉아먹는 존재, 청년실업으로 낙인찍혔다. 예전에는 청소년기와 청년기는 인생에서 다양한 도전을 통해 많은 경험을 하면서 보내도 되는 시간으로 인식되었다. 이런 경험이나 과정이 생산적이지 않더라도 향후에는 큰 도움이 될 것이란 믿음이 있었다. 하지만 지금 청년들에게 이러한 미래에 대한 투자는 현실적으로 불가능하게 되었다. 월세와 생활비, 학비 등을 갚아나가기 위해 일개미처럼 일해보지만 자신의 삶도 사회의 미래도 나아져가는 것 같지 않다. 이렇게 낙담해 있는 청년들에게 기생할 수 있는 여유와 조건, 환경을 마련하는 일은 중요하다.

모두가 '벌레'가

우리의 문화에서, 다른 모든 갈등들을 관장하는 결정적인 정치 갈등은 인간의 동물성과 인간성 사이의 갈등이다.[1]

　인터넷에서 시작하여 일상에서까지 벌레(충)를 접미사처럼 붙이는 현상을 목격하고 있다. 일베충, 설명충, 진지충, 급식충, 맘충, 메갈충, 출근충, 수시충, 편입충 등등 '벌레새끼들'이란 의도로 타인을 쉽게 모독한다. 이러한 현상은 이미 많은 언론에서 주목했다. 헬조선을 살아가는 오늘날 청년들이 분노를 타인에게 전가시키는 혐오 표현으로 의미를 부여하거나 혹은 젊은층들 간의 새로운 은어이자 언어 놀이 문화로 가볍게 인식한다. 이러한 분석들은 모두 유효하다. '충'이란 표현은 타인을 비하하려는 공격적인 욕설의 변형이다. 처음에는 타인에게 모욕을 주기 위한 혐오로만 인식했다. 하지만 이러한 말이 다변화되고 증식해가는 과정을 살펴보면 오히려 존재를 규정하는 언어로 작동하고 있다는 것을 알 수 있다. 타인을 벌레 보듯이 하는 한편, 스스로를 역시 벌레와 같은 존재로 인식하면서 이제는 누구 하나 벌레가 아닌 사람이 없으며, 모두가 벌레가 되어버렸다. 프란츠 카프카Franz Kafka의 소설『변신』의 주인공 그레고리 잠자처럼 한국인들은 한순간 모두 서로에게 '벌레' 같은 존재가 되었고 '벌레' 같은 삶을 살아가고 있다.

동물화 시대

　　　　　　　　　　　데카르트는 인간이 이성을 지니고 말을 사용한다는 이유로 다른 동물에 비해 우월한 존재라 단언했다. 그러나 가끔 인간이 동물보다 나은 존재일까 의심이 든다. 흉악한 범죄 때문만이 아니다. 악성 댓글만 봐도 인간성을 다시 질문하게 된다. 어쩌면 인터넷 세상의 우리는 이미 동물화되었을지도 모른다. 전세계 지성들의 증언이 이를 뒷받침한다.

　일본의 비평가이자 소설가인 아즈마 히로키東浩紀는 인터넷의 새로운 영토가 확장되어 넷상에서 살아가는 인간들은 포스트모던 사회와 맞물려 '데이터베이스적 동물'이 되어간다고 주장했다.[2] 다른 미디어 생태론자들도 인터넷의 발명은 인류에게 새로운 자연환경으로 기능하며 여기에 적응하는 과정에서 인간성이 변화하고 있다고 지적한다. 변화는 부정적이다. 초기 인터넷 기술의 낙관적 전망들은 점차 비관이 되어간다. 일베 등 커뮤니티에서 강화되는 갈등과 혐오의 문화들이 그 증거이다. 앞으로 이보다 더한 과격화된 동물적인 공격성과 본능적 자기방어를 관찰하게 될 것이다.

이미 인터넷 이전에 소비사회로 전환되는 과정에서 사람들은 동물이 되어갔었다. 프랑스 철학자 알렉상드르 코제브Alexandre Kojève는 미국형 소비사회의 변화를 관찰하며 머지않아 인간성은 소멸하고 "동물로서 생존을 계속한다."고 주장했다.[3] 자본주의 사회에 적응하며 인간은 소비동물로 전락했다. 타자와 커뮤니케이션 없이 살아갈 수 있는 기술적 환경에서 사람들은 생존과 욕구만을 추구할 것이란 이야기다. 비록 극단적인 주장이지만 일부 인터넷을 지켜보면 사람들의 마음이 변하고 있다는 것을 확인할 수 있다.

일본의 저명한 사회학자인 이토 마모루伊藤守는 정보 커뮤니케이션 미디어 기술의 발달과 인간의 정동affect이 공진화한다고 이야기한다.[4] 미디어를 통해 우리의 말과 신체가 동시에 변이하고 있기에 주목할 필요가 있다. 예전에는 미디어 커뮤니케이션 발전을 통해 공론장이 형성되어 인간이 이성적 존재가 될 것이란 전망도 있었다. 그러나 지금의 현실을 보면 오히려 언어를 통해 생물종 내의 공격성이 강화될 것이란 주장이 설득력 있어 보인다.

『다중』의 저자 빠올로 비르노Paolo Virno는 인간 존재를 히드라에 비유하면서 인간의 양가성을 강조한다.[5] 그가 보기에 이 세계는 적대와 카오스의 새로운 장으로 변모되어가고 있고, 그 동인은 언어와 문화이다. 인간의 삶을 풍요롭게 하는 문화는 오히려 공격성의 확장 도구였고 '언어적 동물의 (자기) 파괴적 충동들'을 볼 때 인간은 본성상 악하다고 전제한다. 또한 문화와 언어, 계몽주의 그리고 새로 조직된 네트워크는 갈등을 해결하기는커녕, 갈등을 과격화하고 악화시킬 수 있다고 우려한다.

이와 같이 점점 인간이 '동물화'될 것이란 은유와 경고들과 함께 온라인 세계와 오프라인 세계의 구별이 희미해지는 이 세계는 점점 적대와 카오스의 새로운 장으로 변모되어가고 있다. 그래서 생명과 윤리를 이야기하는 삶 정치biopolitics는 더욱 낮은 차원의 동물 정치zoopolitics로 전락하며 오로지 생존만을 이야기하는 상황이 될 것을 우려한다.[6] 그리고 여기 한국에서는 '헬조선'이란 현상으로 그것이 현실로서 진행되고 있다.

벌레들이 살아가는
헬조선

오늘날 한국 사회에서는 동물animal화를 넘어 더 하찮은 벌레bug화가 진행되고 있다. 사람들은 이제 동물조차 되지 못하는 것이다. 동물 혹은 짐승은 최소한 고유의 신체와 생명으로서 인정을 받는다. 하지만 벌레란 신체 없는 존재이자 비가시적인 존재로 받아들여지며, 벌레화할수록 생명의 가치는 점점 낮아진다.

국어사전에서 짐승은 관용적으로 잔인하거나 야만적인 사람을 비유하는 말로 쓰였다. 특히 "짐승 같은 놈"이란 표현은 인륜을 지키지 않는다는 도덕적 질책으로 활용된다. 반면 벌레란 사전적 정의에는 비하의 의미가 있지 않았다. 오히려 공부벌레, 연습벌레, 일벌레처럼 "어떤 일에 열중하는 사람을 비유적으로 이르는 말"로 긍정적으로 정의되어 있다. 하지만 인터넷상에서 벌레는 짐승보다도 더 모욕적인 언어로 빈번하게 쓰이고 있다. 이미 도덕 가치는 사라져버리고 혐오만이 남았다. 사람들은 국가와 사회로부터 짐승으로 취급받던 시대를 지나 이제 벌레 같은 삶을 살고 있기 때문이다.

어느 시대나 피착취민은 짐승이나 가축과 같은 취급을 받아왔다. 약탈의 목적으로라도 최소한의 생존을 보장하는 관리의 대상이었다. 하지만 산업사회를 넘어 도시화·정보화 사회로 급속히 이행되며 국가는 '자유'라는 명목으로 사람들을 방치했다. 국가는 국민을 보이지 않게 통치하는 기술을 발달시키면서 더욱 무책임해졌다. 국민들은 국가에게 벌레 같은 취급을 받고 있거나 스스로 벌레가 되어가고 있다. 짐승은 최소한 관리의 대상이거나 사냥 등을 통해 착취의 목적물이기라도 하지만 벌레는 먹여 살릴 걱정도 필요 없는, 그 쓰임조차 별 볼일 없는 하찮고 무가치한 존재이다. 백성들은 시민이 되어서 주권을 가지게 되었다고 착각하지만 국가의 입장에서는 단지 '인구'이자 '무리'일 뿐이다.

날짐승의 죽음 앞에서는 최소한 애도하는 마음을 갖게 된다. 하지만 벌레에게는 살생의 가책을 느끼지 못한다. 귀찮고 성가신 존재이기에 오직 퇴치하려 할 뿐이다. 지난 세월호 사건에서 국가와 정부가 유족과 국민을 대하는 태도를 보면 벌레 취급을 한다고 느끼게 된다. 정권의 입장을 반대한 숱한 투쟁들에서도 정부는 대화하기보다는 막아내기에만 바빴다. 시민들이 모여 대규모 집회를 하지만 대답은 없다. 국민을 돌보지 않는 국가에 살면서 시민들의 존엄은 낮아지고 혐오감은 높아지고 있다.

개인화된 시민들은 스스로 벌레 같은 습성에 적응한다. 이제는 어느 한 개인이 짐승처럼 직접적인 위협을 주지 못하는 시대이다. 대중 안에서 시민은 사실상 수많은 종류로 분화된 벌레처럼 여러 개체로 나눠진 존재이다. 권력자 입장에서 시민들이 두려울 때는 단지 선거철뿐이다. 마치 잠깐 빛나는 반딧불처럼 잠시 투표와 행동으로 시민적 요구를 할 수 있다. 일상 속에서는 여론을 통해 오로지 군집화된 개체로 전락한다. 그러나 이런 여론들은 일상적인 만남을 통해 토론하기보다 인터넷 안에서 주로 배출된다. 화면을 통해 서로가 서로를 벌레 보듯 하는 혐오의 감정 에너지가 증폭되고 있다.

혐오가 단지 감정의 억압적 표출만 의미하는 것은 아니다. 헬조선을 청년 세대가 대한민국을 혐오하는 것이라고 단편적으로 바라봐서는 안 된다. 이는 우리 사회의 실패가 누적된 결과이자 청년 세대들의 냉정한 진단으로 이해해야 한다. 청년 세대들이 자신과 상대를 벌레로 지칭하는 현상은 증오와 경멸, 좌절과 불안이 응축된 존재에 대한 인식으로 살펴봐야 한다.

벌레가 되는 일상,
노오력 혹은 기생

벌레 같은 삶을 살아간다는 것은 무엇일까? 대표적으로 '노오력'과 '기생'의 습성이다. 이미 청년들은 금수저, 은수저, 흙수저로 계층화되어 있음을 간파했다. 청년들의 눈에 대한민국은 생존경쟁이 치열한 동물의 왕국 수준으로도 보이지 않는다. 그들은 이미 공정한 경쟁조차 어려워졌다고 생각하며 먹이사슬을 받아들이고 있다. 자신들은 일벌레처럼 '죽도록 일하다가 그렇게 죽어갈 것이'라 생각한다. 그래서 어떤 일에 열중하고 노력하는 '노력충'

들의 모습이 하찮고 무모해 보인다. 헬조선에서 살아남는 유일한 방법은 금수저를 물고 태어나는 것, 곧 '상속'받는 것뿐이다. 건물주가 꿈인 요즘 청년들은 운으로 획득한 자본을 가지고 기생하는 삶이 궁극의 꿈과 희망이 되었다.

예로부터 해충은 인간의 재물을 갉아먹거나 좀먹는 존재들이었다. 생산과 생산 과정에 도움을 주기보다는 생산물을 갉아먹으며 살아간다. 더이상 성장이 불가능해져가는 사회에서 청년들은 생산에 참여하지 못하기에 갉아먹는 존재, 청년실업으로 낙인찍혔다. 예전에는 청소년기와 청년기는 인생에서 다양한 도전을 통해 많은 경험을 하면서 보내도 되는 시간으로 인식되었다. 이런 경험이나 과정이 생산적이지 않더라도 향후에는 큰 도움이 될 것이란 믿음이 있었다. 하지만 지금 청년들에게 이러한 미래에 대한 투자는 현실적으로 불가능하다. 월세와 생활비, 학비 등을 갚아나가기 위해 일개미처럼 일해보지만 자신의 삶도 사회의 미래도 나아져가는 것 같지 않다.

이렇게 낙담해 있는 청년들에게 기생寄生할 수 있는 여유와 조건, 환경을 마련하는 일은 중요하다. 예전에 부모님에게 '식충'이란 말을 한 번쯤은 들어봤을 것이다. 벌레가 인간에 기생하면서 자라기 때문에, 공부도 안 하고 놀러 다니는 모습이 벌레처럼 보였을지도 모른다. 그렇다고 그 말이 부모가 자식에게 모멸감을 주려는 의도는 아니었다. 우리는 기생의 존재를 인정하며 함께 살아왔다.

프랑스의 철학자 미셸 세르Michel Serres는 기식寄食이 인간 본능이자 그 자체로 사회 기능이라고 지적했다.[7] 그는 인간 존재가 지구에 기식하고 있는 중이며, 기식자parasite들은 체계를 변화시키고 역동적으로 만든다고 했다. 예술가나 철학자 들이 가장 대표적인 기식자이다. 직접적인 경제적 생산성에 기여하지 않더라도, 그들의 잉여적 창의성을 인정했다. 인류 역사를 볼 때 문화의 발달에서 그들의 역할은 중요했다.

그런데 자본주의 발달로 인해 더이상 기식은 불가능해지고 있다. 생산 과정에 도움이 안 되는 '잉여'적 존재라는 범주가 생겨나고 당장의 생산에 도움이 안 되면 존재의 가치는 부정되기 시작했다. 우리 사회는 '잉여'들을 불필요한 존재이자 사라져야 할 존재로 인식했다. 한때였지만 '잉여'들이 문화 생성에 활발하게 참여하던 때도 있었다. 잉여질이 다양한 하위문화를 창조하며, 인터넷 신산업을 이끌던 시기는 경제 침체와 함께 거품처럼 사그라들었다. 정치적 보수주의가 대두되면서 문화적 실천들이 자본에 포섭되었고 인터넷 세상은 정보의 소비와 갈등 조장, 개드립만 남발하는 엔터테인먼트 도구로 전락했다.

성장의 끄트머리에 있는 시대에는 부스러기 같은 잉여 문화라도 남겼지만, 성장이 불가능해져버린 시대에는 벌레처럼 갉아먹는 존재들일 뿐이다. 인터넷 세상에서 '잉여'들의 생산성에 대한 인정이 점점 사그라든 자리에, 혐오하는 벌레들로 채워지게 되었다.

불행으로
평등한 세상

벌레들이 넘치면서 벌레라고 부르는 것에 주저함이 없어졌지만 벌레로 불리는 것에도 부끄러움을 느끼지 않는다. 일베 이용자들은 일베충이라 불리는 것에 불쾌해하는 한편, 자신들의 벌레 같은 점을 오히려 자랑스럽게 인증한다. 이미 모욕적인 삶을 살고 있기에 누군가가 더 모욕을 주는 것쯤은 대수롭지 않다. 혐오는 가학적 놀이와 같다. 공격과 수비를 반복한다. 생각의 차이만으로 다른 대상을 일상적으로 '벌레'로 만든다.

ス(31세, 남)도 얼마 전 같은 경험을 했다. 학교에서 자신이 생각하는 바가 있어 현재의 여성혐오에 대해서 이야기를 나눴다. 그때 몇몇 '여'학생들의 얼굴이 붉어지는 것을 보았지만 특별히 마음에 두지 않았다. 그런데 얼마 후 친구들이 SNS에서 돌고 있는 이야기를 보았냐고 물어봤다. 뭐냐고 했더니 친구들은 그 수업을 듣는 여학생들이 자신을 구제 불가능한 한남충이라고 조리돌림하고 있다는 것이었다. 사실을 확인한 ス은 바로 자신의 SNS에서 자신을 공격한 여학생들을 아무 생각도 없는 '메갈충'이라고 욕을 퍼부었다. 이렇듯 자신과 다른 생각을 가진 사람들을 즉각적으로 '벌레' 취급해버린다. 공격적으로 벌레라고 이야기하는 한편, 방어의 목적으로 스스로 벌레임을 드러내기도 한다. 일베 이용자들이 스스로 일베충이라고 이야기하는 건, "그래 우린 '벌레 같은 놈들'이다. 그래서 어쩔래?"라며 대화 자체를 차단해버리려는 것이다. 아무리 잘못된 행위라도 혼자가 아니라 누군가와 함께 한다는 생각은 안정감을 준다. 혐오를 일삼는 사람들은 무리 짓는 곤충과 같은 군집 습성을 보인다.

하지만 그렇다고 자신을 무리와 동일시하지는 않는다. 최근(2016년) SBS 시사교양 프로그램 「그것이 알고 싶다」에서 고발한 소라넷 이용자들은 자신의 행동과 생각을 반성하기는커녕, 오히려 다른 사람들을 비난한다. 비록 자신이 어떠한 범죄와 같은 행위를 하더라도 무리 안에 있으면 나에게만 해당하는 행위가 아니기 때문에 도덕적인 면죄부를 갖는다. 또한 그 무리 안에서 자신을 편리하게 분리해내 무리에 속한 자신의 책임을 지워버린다. 집단과 집단, 개인과 집단, 개인과 개인의 관계를 삭제하며 오로지 '자신'이 중심이 되어 타자들을 벌레로 만들어버린다.

이런 일은 이미 사회적으로 일반화된 현상이다. 최근 사법시험 존치 논란을 두고 법조인들이 되고자 하는 청년들이 서로를 '사시충' '로퀴벌레'라고 칭하며 비난하고 있다. 나도 벌레, 너도 벌레, 모두가 벌레인 세상이다. 서로가 서로를 냉소하는 세상을 만들어 벌레의 민주화, 즉 '벌레화'하여 모두가 찌질하다는 점을 드러내 같이 망하는 게 목표이다. 어차피 애초에 나는 금수저가 아니었으니, 모두가 불행해져 차라리 평등한 세상을 꿈꾼다.

혐오의 지속가능한
에너지원

　　　　　　　　　　앞으로도 우리 사회의 혐오는 강화되거나 지속될 것이다. 근본적으로 혐오는 '재미'를 추구하기 위한 도구이기 때문이다. 처음 인터넷에서 무뇌충과 같이 벌레로 부른 것은 재미였다. '개드립'을 해도 재미만 있으면 용서받을 수 있었다. 논쟁을 하는 것도 재미를 위해서이다. 일베의 패악질은 윤리적 가치로 평가할 수 있는 것이 아니라 재미로서만 평가받는다. 그렇기에 직접적인 면대면 상황에서와 달리 혐오는 인터넷상에서 더욱 넘치게 된다.

나무위키를 살펴보면 충을 접미사로 붙인 여러 기원설을 볼 수 있다. 대표적인 가설 중 하나는 온라인 게임 '리그 오브 레전드' 같은 팀플레이 게임에서 팀 승리에 도움이 안 되는 같은 편을 비하할 때 사용하기 시작했다는 것이다. 마치 교실에서 벌어지는 왕따 현상과 닮았다. 교실에서만 왕따 문제가 있는 것도 아니다. 학교, 회사, 동호회 등 사람이 모이는 작은 사회에서 자신에게 도움이 안 되는 약자들을 배제하는 건 일상적인 현상이 되었다. 일본의 이지메 연구자 나이토 아사오內藤朝雄는 『이지메의 구조』란 책에서 각기 소속된 작은 사회는 '중간집단전체주의' 체계로 구성되어, 사회 내에 광범위하게 '이지메의 장'이 형성되어 있다고 주장한다. 이 안에서 작동하는 '이지메의 힘'은 '누군가'가 중요한 게 아니라, 오로지 '공격'에 초점을 둔다. 사람들은 이미 집단 내 누구든 언제든지 어떤 이유에서라도 공격하거나 차별할 '준비'가 되어 있다. 모욕과 혐오는 목적이 아니라 자신의 스트레스를 해소하는 수단이다.

또 다른 가설은 주로 인터넷 커뮤니티 사이트(특히 문제의 디씨인사이드)를 중심으로 서로 다른 갤러리 유저들을 비하하기 위해 사용하기 시작했다는 주장이다. 익명성의 공간에서 혐오를 표현하는 것은 단지 비하를 위한 것만은 아니다. 상대를 군집화시켜 자신과 공통성을 제거한 채 서로 다른 종으로 분리하고자 하는 의도를 내포하고 있다. 이때 '충'은 개인의 감정을 표현하는 욕설이 아니라, 상상으로 만들어진 다른 집단과 나를 분리된 존재로 인식하기 위한 적대를 구성하는 용어이다. 마치 '빨갱이'와 같이 '사회화된 모욕'으로 배제와 분리를 통해 적대를 구축하려는 사회적 언어 행위와 같다. 대표적인 사례로 언론이 과도하게 주목해 널리 알려진 '일베충'이 있다. 이는 보수적이고 패륜적인 청년 세대의 존재를 실제보다 부풀려 괴물화하기 위한 상징조작이었다. 일베충의 위협이 과잉된 것은 그들이 실제 현실에서는 감춰져서 찾아보기 힘들지만 온라인에서 일상적으로 쉽게 목격할 수 있기 때문이다.

우리가 '벌레'와 '충' 기타 혐오 표현에 지나치게 예민해진 것은 온라인 커뮤니케이션과 같은 가상화된 수단의 의존도가 높아졌기 때문이다. 특히 디씨인사이드와 같은 인터넷 커뮤니티는 공동체를 형성하는 데 도움이 되기보다 정보를 소비하고 타인을 비난하는 데 활용된다. 기술의 발달로 쌍방향 커뮤니케이션이 발달했다고 이야기하지만, 이는 지나친 환상이다. 메신저와 같은 일대일 관계의 커뮤니케이션이 아닌 게시판이나 뉴스 댓글, SNS 등 일대다 커뮤니케이션은 마치 '벽보'와 같은 일방향적 미디어이다. 모니터 뒤의 알지 못하는 타인 혹은 표정이 감춰진 타인과 직접 대화를 하는 게 아니라 그저 '정보'를 인식할 뿐이다. 우리가 누군가와 열린 소통을 한다는 것은 착각이다. 화면에 비친 텍스트를 보는 것일 뿐이다. 텍스트에서는 타인의 존재에 대한 인식이나, 인간적 감정은 느껴지지 않는다. 이러한 전자화된 커뮤니케이션 상황에서는 타인을 의식할 필요도 없으니 나의 감정이 더 중요하다. 그들의 언어가 이미 나를 분노하게 하였기에, 나의 분노는 언제나 정당하게 느껴진다. 그래서 분노를 표출하는 혐오는 나에게는 '정의'이고 따라서 상대방의 기분이나 감정과 무관하게 표현할 권리가 있다고 생각한다. 온라인상에서는 나의 존재를 감출 수 있으니 안전하기까지 하다. 온라인에서 혐오를 하는 가장 큰 이유는 자신을 보호하는 동시에 자신의 감정을 해소할 수 있는 가장 편리한 수단이기 때문이다.

인터넷 혐오가 형성되는 과정에서 근본적인 문제는 '여성혐오'와 맞닿는다.[8] 일베를 주로 이용하는 남성 청년들은 군문제 등에 역차별과 피해의식을 토로하고 있고, 인터넷에서는 여성혐오가 일관된 동력으로 작동한다. 그들이 여성을 차별하는 건 스스로에 대한 '존경'을 회복하기 위함이다. 일본의 경우, 남성 청년들이 급격하게 우경화되는 이유를 마음의 안식을 얻을 수 있기 때문으로 분석하기도 한다. 좌파에서 우파로 전향한 아카키 도모히키赤木智弘는 남성인 자신은 아무리 경제적으로 빈곤해지더라도, 사회적으로 우경화되면 될수록 사회 안에서 여성이나 이민자들보다는 상대적으로 존중받는 존재로 유지될 수 있기 때문이라고 밝혔다.[9] 남성 청년들이 지킬 수 있는 유일한 장점은 자신이 '남성'이라는 것이기에, 점점 더 보수적인 사고를 하며 약자에 대한 혐오를 멈추지 않을 것이다.

최근 이러한 남성의 자존심에 상처를 주는 사건이 발생했다. 2015년에 등장한 '여성혐오를 혐오하는' 남성혐오 사이트 메갈리안은 일베와 같은 남성 중심 사이트들의 혐오 방식을 정확히 거울화(미러링)하였다. 기존의 일베 사이트와 같은 놀이 방식을 변형하여 남성 중심 사회를 저격했다. 최근에는 '소라넷' 같은 음란 사이트를 폐쇄하자는 여론을 이끌어 내는 성과를 얻기도 했다. 일부 남성들은 '부들부들'하며 당황하기도 한다. 상대방이 당혹스러워할 때 혐오의 쾌감과 성취감은 더 올라간다. 혐오는 쉽게 복제되고 전이될 수 있다.

서로에게 모욕과 혐오를 주고받는 방식은 더이상 '화해'를 목표로 하지 않는다. 화해하고 싶지 않은 세상에서 모욕과 혐오를 교환하는 행위만으로 사회를 재구성하기는 어렵다. 서로 간의 도전과 응전이 반복되고 복수만이 목표인 전쟁 상태를 유지하고 지향한다. 최근 작고한 르네 지라르Rene Girard가 이야기한 것처럼 서로 닮은 유사성을 기반으로 한 모방적 경쟁은 상호 간 적대와 혐오를 통해 갈등과 폭력을 격화시키면서 비난과 책임을 하나의 대상에게 떠넘기게 된다. 아마도 그 대상은 대답 없는 '국가'로 수렴될 것이다. 정치에 대한 혐오와 사회에 대한 불신들. 그리고 불신은 지속가능한 사회를 복원해내기 더욱 어려운 상태로 지탱시킨다.

나는 혐오한다,
고로 존재한다

온라인에 혐오가 존재한다면, 현실에는 차별이 있다. 성차별, 학벌차별, 지역차별, 소수자차별 등의 온갖 차별을 해결하지 않고 미뤄왔기에, 왜 혐오를 하는가와 같은 도덕적 질문은 무의미해졌다. 오히려 그동안 왜 혐오하지 않은 것인가, 왜 이제야 혐오를 하는가가 더 올바른 질문이다. 우리 사회가 어느 날 갑자기 헬조선이 된 것은 아니다. 헬조선이란 건 이미 알았지만, 헬조선이란 적합한 용어를 찾지 못했기 때문에 크게 이야기하지 않았을 뿐이다. 이러한 계기는 급박한 정치사회적 변화라기보다는 온라인 홍보 마케팅의 성공으로 인한 일시적 유행일지도 모른다. 만약 헬조선 유행이 사그라진다 해도, 사회가 변하지 않는 한 우리는 여전히 헬조선에 살아가며 온라인상에서 다른 방식으로 혐오하게 될 것이다.

지금 청년들에게는 냉소와 혐오 이외에 다른 선택지도 별로 없어 보인다. 청년들은 좋은 사회에 대해 배웠다. 하지만 현실은 달랐다. 교육과 현실의 괴리로 인해 기성세대의 어떠한 이야기도 신뢰할 수 없다. 게다가 그들은 교육 과정에서 신뢰와 협동보다는 경쟁 중심의 교육에서 살아남는 법만 배웠다. 타인을 짓밟는 행위는 용인되거나 암묵적으로 인정되었다. 그러므로 혐오는 교육의 실패로 인한 부수적 피해가 아니라 우리 사회의 현재 교육체계의 성공의 성과이자 결과물인 것이다.

그들이 배운 대로 "내가 마음대로 할 수 없는" 난감해진 상황에서 자신의 스트레스를 풀 수 있는 가장 편리한 방법은 희생양을 찾아 그들에게 책임을 전가해 혐오하는 일이다. 성난 기분을 노출하는 것으로 소중한 나의 존재감과 위대함을 드러낸다. 게다가 "너희들 때문에 내가 잘못된 거야."라는 마음으로 최소한의 위안을 얻을 수 있다. 상처받기 싫다면 공격이 최선의 방어라는 것을 알기에 성가신 존재들을 차례차례 벌레로 만들어가고 있다. 지금의 청년들에게는 혐오가 유일한 힘이다.

"그래도 벌레같이 살고
싶진 않아요"

연구 과정에서 만난 청년들은 인터뷰 도중에 "내가 벌레가 되어버린 것 같아요." 같은 자학적 표현을 자주 했다. 그들에게 '벌레'란 외부를 향한 공격이 아니라 만족스럽지 못한 현재 상태를 우회적으로 표현하며 미리 자신을 보호하기 위한 방어기제였다. 입사지원서를 쓰는 청년들은 마치 조울증에 걸린 사람처럼 속으로는 우울한 마음을 가지면서도 겉으로는 억지로 자신감을 표현해야 한다. 스스로 자격이 부족하다고 느끼거나 주변 사람들에게 미안한 마음이 들 때는 자신을 비하하고 자학한다. 이렇게라도 방어해내지 않으면, 누군가가 자신을 모욕하거나 혐오할 것이란 공포심을 갖고 있다.

이런 청년들에게 역경을 이겨내고 큰 꿈을 가져야 한다는 말은 당연히 '개소리'처럼 들린다.

　이런 마음의 지옥을 넘어설 수 있는 유일한 길은 자신의 능력과 노력, 그리고 인격이 타인으로부터 정당한 대우, 즉 인간으로서 존중을 받아보는 경험을 통해 존엄에 대한 감각을 가지는 것이다. 그 대표적인 예를 청년유니온 조합원 김영(24세, 남)씨의 경우를 통해 알 수 있다.

　그는 대학등록금을 마련하기 위해 최저임금이 가장 높은 나라 호주로 워킹홀리데이를 떠났다. 운 좋게도 2년 반 동안 대학등록금 4년치가 훨씬 넘는 돈을 모을 수 있었다. 그는 한국에서도 몇 년 일하면 몇 천만 원이 쌓이는 게 당연할 줄 알았다. 그는 한국으로 돌아와 대학 진학을 준비하며 서울의 한 유명 호텔 뷔페식당에서 아르바이트를 시작했다. 조리사를 보조하고 식재료를 처리하는 일이었다. 사소해 보이지만 상시적이고 지속적인 업무였다. 그런데 어느 날 전화 한 통으로 해고 통보를 받았다. 그는 자신의 상황을 이해할 수 없었다. 3개월 조금 넘는 84일이라는 기간 동안 84번의 '초단시간 근로계약서'(주 15시간 미만 근무)를 작성하기는 했지만, 실제로는 주 40시간 이상을 근무하고 2일의 휴무일을 갖는 등 정규직원과 다를 바 없이 근무했다. 지방노동위원회와 중앙노동위원회에서 해고가 부당하다는 판결을 받았다. 그러나 사측은 거대 로펌과 함께 행정소송을 진행했고 현재 1심과 2심에서 모두 패소한 상태이다.

　연구팀은 김영 씨에게 '재수 없다'라고 한마디 내뱉고 더 나은 일자리를 찾으면 그만일 수도 있는데 왜 포기하지 않고 싸우려는지 물었다. 그는 말단 근로자도 대우해주는 고용주의 태도와 복리후생 등에서도 차별을 느낀 적 없었다는 생애 첫 노동 경험을 언급하였다. "말단이든 상사든

직급 간의 구분은 있지만, 어찌 되었든 근로계약 관계에서 쌍방이 대등한 관계에 있는 거잖아요. 일해줄 사람이 필요한 것이고, 일할 곳이 필요한 것이니까요. 나는 단순히 일하기 위해 내 노동을 파는 거지 내 인격까지 팔아야 하는 건 아니잖아요. 그런 의문이 한국에서 들었기 때문입니다."라며 해맑게 웃었다.

헬조선에 살아가는 청년들이 타인에 대한 혐오와 자신에 대한 자학에서 허우적거릴 때 그는 자신의 존엄을 지키고자 노력한다. 그에게는 일을 하면서 존경과 존중을 받아본 기억이 원체험으로 남아 있다. 원체험이란 몸과 마음에 각인된 살아 있는 경험이다. 호주에서 일했던 경험을 통해 그는 앞으로 남겨진 시련에도 낙담하거나 체념하지 않을 것이다. 그리고 이번 과정을 통해 노무사가 되어야겠다는 꿈을 가졌다고 한다. 그는 국가나 사회에 대해 의문을 품거나 혐오하지도 냉소하지도 않았다. 다만 질문할 뿐이다. 왜 호주와 한국이 달라야만 하는가. 자신의 존엄을 인정받아 본 사람은 타인도 존중받아야 한다고 생각한다. 백인에게 자리를 양보하라는 버스 기사의 요구를 거절하다 체포되어 '버스 보이콧 운동'을 불러일으켜, 오늘날 인종분리 정책이 사라진 미국을 이끌어낸 로자 파크스Rosa Parks 역시 학교에서 '흑인이라는 이유로 스스로 주눅들 필요가 없다'는 인간의 존중을 경험했다.

전세계적으로 청년들이 자신들의 존엄을 요구하는 목소리가 점점 커지고 있다. 최근 북아프리카의 튀니지에서 일어나고 있는 청년들의 시위에서 유사한 사례를 찾아볼 수 있다. 지난 2011년 튀니지는 민주화 시위를 통해 23년간 지속되었던 독재체제를 무너뜨렸다. 하지만 그 이후에도 정치는 안정되지 못했고, 실업률은 더욱 상승했다. 이후 5년이 지나 튀니지 민중들은 다시 거리에 나왔다. 그 시작은 리다 야하위Ridha Yahyaoui라는 28세 청년이었다. 공무원 채용 서류 신청이 받아들여지지 않자 송전탑 위에 올라가서 항의 시위를 벌이다가 자살한 사건이 계기가 되었다. 이후 시위대가 외친 구호는 "일, 자유 그리고 존엄"이었다.

민주주의체제에서 태어나고 살아온 청년들에게 민주주의는 당연하기에, 더이상 민주주의체제의 필요성을 반복할 필요는 없다. 지금 청년들이 가장 중요하게 생각하는 것은 그들이 할 일 혹은 하고 싶은 일을 만들어주고, 더 많은 자유를 보장하며 자유로울 수 있도록 해주는 것이다. 그리고 가장 중요한 것은 인간으로서 '존엄'을 지켜주는 것이다. 청년들을 모욕하지 않고 치욕감을 느끼지 않게 해주며, 믿고 바라봐주는 것이 필요하다. 지금의 청년 세대들에게는 벌레처럼 짓밟혀도 꿋꿋하고, 누군가를 벌레 취급하지 않으면서도 살아갈 수 있다는 희망을 품을 수 있는 원체험이 필요하다. 이를 위해 사회는 마음껏 체험할 수 있는 기회를 제공해야 한다. 그러기 위해서는 청년들을 위한 정책이 예산의 효율성과 효과보다 그 과정에서 어떻게 청년들이 자신의 존엄성을 회복할 수 있을지를 좀더 고민해야 한다.

헬조선의 대안으로 청년들에게 일, 자유, 존엄을 정치적으로 보장하여 애국심을 복원하는 것이 목표가 되어서는 안 된다. 내셔널리즘은 새로운 혐오를 불러일으키기도 한다. 연구 과정 중에 만났던 일본의 젊은 학자 다카하라 모토아키高原基彰가 쓴『한중일 인터넷 세대가 서로 미워하는 진짜 이유』란 책에서 3국의 청년 세대는 공통적으로 고도성장 시대의 종말로 인해 개별적인 불안감이 커져 상대국에 대한 혐오가 청년들의 도피로 작동하고 있다고 지적한다.[10] 청년들에게 어떤 국가나 사회를 만들 것인지는 중요하지 않다. 이들에게는 개인으로서 자신의 주변 삶에서 누구와 함께 살아가며 어떻게 하면 인간적인 삶을 살 수 있는지가 더 중요한 고민이다. 집단으로서 청년 세대가 아니라 개별자로서 청년 각자의 마음에 다가서며, 그들 개인이 앞으로 어떠한 삶이 인간으로서 더 나은 삶인지를 존중하는 과정을 통해 청년들이 스스로 존엄성을 회복할 수 있도록 해야 한다.

04

심정적 난민의 탄생

왜 한국을 버릴 결심을 했을까?

강정석_지식순환협동조합 대안대학 사무국장

직접 듣다 헬조선 밖에서 헬조선 바라보기

나일등_도쿄대 특임연구원

직접 듣다 탈조선하거나 대한민국을 텅텅 비우거나

이규호_일리노이대 어바나 샴페인 캠퍼스 인류학 박사과정

"탈조선은 더 행복하게 살기 위해서 하는 것이 아니다. 더 비참해지지 않기 위해서 하는 것이다." 디씨위키의 '탈조선' 항목에 등장하는 이 문장은 탈조선의 이유를 잘 보여주고 있다. 더 나은 삶을 향한 희망을 상실한 채 단지 살아 있는 상태만을 유지하기 위한 삶을 무한반복하며, 우울감과 절망을 앞으로 살아갈 삶의 피할 수 없는 조건으로 인정해버리는 순간, 우리는 '영겁회귀'의 무한한 고통에 놓인 지옥도와 마주하게 된다. 상황이 이러한데, '탈조선'을 생각하지 않는 것이 더 이상할 지경이다.

그럼에도 불구하고, 여전히 한국 사회에서 탈조선은 손쉬운 비난의 대상이 된다. 가장 먼저 비난의 칼을 꺼내는 이들은 자칭 '애국자'들이다.

왜 한국을 버릴
결심을 했을까?

A(36세, 남)는 2015년 11월 갑작스럽게 한국을 떠났다. 이민에 필요한 영어 점수를 획득하기 위해 필리핀에 있는 단기 스파르타 어학원에 등록한 것이다. A는 나에게 과정을 수료하고 나서 바로 호주에 취업 자리를 알아보러 한국을 떠날 거라고 말했다. 영주권을 얻는 것은 매우 힘들지만, 현지에서 지속적으로 노력할 생각이란다.

나는 A가 왜 한국을 떠나기로 결심했는지 물었다. 그는 호주 워킹홀리데이 시절 힘들게 일하고 난 뒤에 저녁노을을 바라보며 맥주 한 잔을 마시는 '행복'을 느꼈지만, 한국에서는 그런 행복이 도무지 불가능할 것 같다고 말했다. 그리고 도덕적이지 않고 부패한 사람을, 그리고 독재자의 딸을 대통령으로 뽑아주는 국민들의 '미개함'을 참을 수 없다고도 했다. 심지어 이는 앞으로도 절대 변하지 않을 거라 단언했다. 따라서 한국에 남아 일에 치여 행복을 포기하며 살거나 부패한 정치인들의 밥그릇 싸움 속에서 스트레스 받는 것보다, 차라리 한국을 떠나는 길을 선택하는 것이 현명하다는 것이다.

A는 이른바 '탈조선'을 준비하고 있다. 한 방송사에서 진행한 설문조사에 의하면, 설문에 참여한 2040 젊은층의 88퍼센트가 "한국이 싫어서 다른 나라로의 이민을 생각해본 적이 있다."고 대답했다. 심지어 한국이 부끄럽다고 답한 이는 무려 93퍼센트였다.[1] 한 월간지의 특별기획 기사의 제목은 무려 「나아진다는 희망 없다 '탈 한국'이 답이다」였다. 설문에 참여한 2030세대의 51퍼센트가 '나는 한국이 싫다'는 말에 동의하고 있으며, 그 이유로는 '나아질 것이라는 희망이 없어서'가 50.6퍼센트로 제일 많았다. 탈조선과 관련하여 더욱 직접적인 질문인 "자녀는 한국에 살기보다는 이민을 원할 것이다."에 대한 찬성 비율은 72.5퍼센트로 나왔다.[2] 많은 청년들에게 한국은 이미 떠나고 싶은 나라가 되어버린 것이다.

탈조선을
꿈꾸는 친구

사실 A는 나의 오랜 친구다. 대학 시절, 나는 학과의 학생회장으로, 그는 단과대의 학생회장으로 처음 만났다. 호탕하고 솔직한 성격을 가졌으며, 학생들을 위해 비리사학과의 투쟁을 마다하지 않는 정의감 넘치는 친구였다. 그는 단과대 학생회장 이후 총학생회장까지 맡았고, 비리사학과의 투쟁을 위해 단식까지 했었다. 그만큼 학교에 대한 애정이 있었으며 학생들을 위해 일한다면 더욱 나은 학교를 만들 수 있을 거라는 신념을 갖고 있었다.

A는 졸업 후 일이 잘 풀리지 않았다. 작은 사업도 했었는데 부침이 좀 있었고, 여행사에 취직하기도 했지만 A가 원하는 급여 수준이나 노동환경이 아니었다. 결국 A는 호주로 워킹홀리데이를 떠났고 3년쯤 후 다시 한국에 왔다. 그리고 뜬금없이 이민을 준비하고 있다고 말했다. 호주로 이민을 떠나기 위해서는 특정 기술을 체계적으로 잘 배워야하기 때문에, A는 그전까지의 삶과 전혀 관련이 없었던 용접을 배우러 거제도로 내려갔다. 용접도 다양한 분야와 기술이 있어서, A는 전국을 돌아다니며 공장에서 일을 배웠고, 이윽고 2015년 전국 용접대회에서 입상할 정도의 전문적 실력을 키웠다. 정의감은 여전히 살아 있어서, 용접대회 상장에 자신이 이름이 아닌 업체 이름이 들어가 있는 것을 보고 지역 언론, 일간지, 국회 등에 적극적으로 문제제기를 했다. 결국 그는 상장에 수상자의 이름이 들어갈 수 있도록 기존 관행을 바꿔냈으며, 이는 한 신문에 크게 기사화되기도 했다.[3]

그래서인지 나는 한국을 떠나겠다는 그의 이야기를 듣고 몹시 혼란스러웠다. 소속 집단의 문제를 해결하려는 사회적 정의감을 갖고 있으며 실제로 잘못된 것을 바꿔냈던 경험을 했음에도 불구하고, 개인의 행복과 '미개한' 정치인과 국민들 때문에 한국을 떠나려 한다는 것인가?

해외 이주의 짧은 역사 :
국가 기획과 글로벌 경험

물론 새로운 희망을 찾아 한국을 떠나는 것은 새로운 현상이 아니다. 본격적인 이민이 시작된 것은

1960년대부터인데, 이는 두 가지로 구분할 수 있다. 첫 번째는 국가의 외화 수입이라는 목적 아래 이루어진 '국가 기획' 차원의 이민으로, 영화 「국제시장」을 통해 봤던 파독광부와 간호사들이 대표적 사례이다. 1963년 한국-독일 간 체결된 기술협정 이후 1977년까지 광부 약 8,395명, 간호사 1만 371명이 독일로 진출했다. 이들 중 상당수는 독일이나 다른 나라에 정착하여 살아갔다고 한다.* 두 번째는 1965년 미국 이민법 개정 이후 본격화된 미국으로의 이민이다. 못살던 한국을 벗어나 일종의 '희망의 공간'과 같았던 미국으로의 이주가 실현 가능해진 것이다.** 이민법 개정에 따라 1976년 전체 해외 이주자의 수는 4만 6,533명으로 정점을 찍었으며, 실제 해외로 이주한 한국인들은 어려운 상황에도 불구하고 각고의 노력을 기울여 현지에서 소매상 등을 운영하며 자리를 잡을 수 있었다.***

1990년대 이후에는 해외 이주의 새로운 흐름이 형성되었다. 이 시기를 설명할 수 있는 단어 중 하나는 '세계화'였다. 세상의 무대는 좁은 한국이 아닌 '세계'였으며, 전세계 어디에서나 태극기를 나부끼게 하는 것

---

* 한국 이민의 역사는 1900년대 초반부터라고 알려져 있다. 당시 미국, 중남미 등으로 이주한 한국인들은 소작농 등으로 생활하며 노예나 다를 바 없는 생활을 했다고 전해진다. 해방 이후에는 미군정과 6·25전쟁을 거치며 주한미군과 결혼한 한국인 여성들이 남편과 함께 대거 미국으로 이주하기도 하였다. 국가기록원 홈페이지 '재외 한인의 역사' 참조(http://theme.archives.go.kr/next/immigration/transition.do)

** 이 법은 한국·중국·일본·필리핀 등이 포함된 동반구 연 17만 명, 유럽 포함 서반구 연 12만 명의 이민을 수용하되, 국가당 연 2만 명을 넘지 않게 하는 것을 골자로 한 법안이다. 그전까지는 해당 국가 이민자 인구의 2퍼센트 내에서만 쿼터를 주었기 때문에 한국은 연간 100명 정도의 쿼터를 배정받아왔을 뿐이었다. 여기에 덧붙여 이미 미국 시민권을 얻은 사람의 21세 미만 미혼자녀와 배우자, 부모 등은 숫자에 관계없이 이민이 가능하게 되었다. 「뉴욕한인 125년 (50) 1965년 개정 이민법과 새로운 이민물결」, 『미주한국일보』 2009년 10월 19일자 참조.

*** 1976년 이후 한국에서 외국으로 향한 이민자 수는 큰 폭으로 감소했다. 「작년 해외 이주 302명… 1962년 통계작성 이후 최저」, 『연합뉴스』 2014년 2일 23일자 참조.

이 최대 목표가 되었다. 기업의 차원에서는 한국이라는 좁은 땅을 넘어 전세계를 이윤창출의 거대한 시장으로 인식하기 시작했으며, 자연스럽게 개인의 차원에서는 한국이라는 좁은 국가에서 벗어나 전세계를 누비며 활동할 수 있는 '글로벌 시민'으로서의 정체성에 눈을 뜨게 되었다.*

당대의 청년들은 이러한 시대정신을 충실하게 반영하는 주인공들이었다. 1989년 해외여행 자유화 이후 청년들은 배낭여행, 해외 인턴십, 워킹홀리데이, 유학 등 다양한 방식을 통해 글로벌한 문화적 감각을 익혀나갈 수 있었다. 국가 차원의 세계화를 향한 정책적 노력과 기업 차원의 세계시장을 향해 뻗어나가려는 의지, 그리고 개인 차원의 글로벌한 감각을 키워내려는 노력들이 1990년대 '세계화'를 설명하는 주요 특징이라고 할 수 있다.

이렇듯 1990년대의 해외 이주는 앞선 시대와는 전혀 다른 것이었다. 1950~80년대까지의 해외 이주는 주로 국가에서 기획한 방식으로 움직였으며 한국을 떠나 선진국에서 살아가는 것을 '희망'으로 생각했다면, 1990년대 이후의 해외 이주는 영구적 거주가 아닌 글로벌한 감각을 키워내기 위한 일종의 중·장기 학습 과정이었다. 더이상 한국은 못사는 국가가 아니었기 때문에, 그리고 무한한 가능성을 지닌 국가로 인식되었기 때문에 굳이 선진국에 삶의 모든 희망을 내걸고 이주할 필요가 없었던 것이다. 좁은 한국을 떠나 전세계를 자신의 무대로 삼으려는 진취적 사고, 용기, 열정 같은 덕목이 각광받는 시대였으며, 모든 분야의 전문가

---

* 이를 집약해서 보여주는 책이 바로 김우중의 『세계는 넓고, 할 일은 많다』(김영사 1989)이다. '세계경영'을 주창하며 전세계를 향해 공격적으로 진출했던 대우그룹의 김우중 회장이 이 시기를 살아가는 청년들을 위해 쓴 자서전인데, 발간 당시 2년간 최고의 베스트셀러로 자리 잡을 만큼 그 시기의 '시대정신'이라고 불러도 과언이 아닐 정도였다.

적 역량 역시 한국이라는 좁은 영토에 국한된 것이 아니라 '세계적'이 되어야 했다. 심지어 '가장 한국적인 것'도 '가장 세계적인 것'이 되어야 했을 정도로, 국내 최고를 넘어 세계 최고를 향해 나아가는 것을 강조했던 시기였다.

탈출(脫出)로서의
탈조선

위기는 느닷없이 찾아왔다. 세계경영을 주창하며 1990년대 신화를 써내려갔던 대우그룹의 공중분해와 김우중 회장의 해외 도피는 '한국이 망했다'는 것을 상징적으로 보여주는 중요한 사건이었다. 갑작스럽게 찾아온 IMF 구제금융 사태는 거의 모든 분야에 위기를 가져왔다. 사람들은 그래도 '한국'이라는 국가를 버리지 않았으며, 오히려 위기를 통해 더욱 공동체 의식을 복원하려 노력했다. 전국적인 금모으기 운동을 통해 어떻게든 국난 극복에 도움이 되고자 했으며, 박찬호나 박세리 같은 스포츠 선수들이 미국에서 승승장구하는 모습에 열광하며 망해버린 국가에서 살아가고 있다는 아픔을 상상으로나마 위로받기도 했다.

그러나 뒤이어 가혹한 신자유주의로의 전환이 이루어졌다. 금융 세계화가 본격화되고 모든 국영 부문의 민영화가 마치 절대적 대안인 것처럼 제시되었다. 그리고 비정규직·계약직 등 노동 유연화가 한국 사회 전반에 자리 잡기 시작하면서, 개인들의 삶은 지나칠 정도로 축소되고 배제되었으며 삶에 대한 장기적 전망을 세우는 것을 불가능하게 만들었다. 정규직 일자리는 점점 줄어들고 불안정한 비정규직과 계약직 일자리가 일반화되기 시작했다. 노동자들은 언제든 대량해고의 위험에 노출되었다. 글로벌 금융그룹들이 자본을 투자한 거대한 건물들이 도시 이곳저곳에 우후죽순 생겨나는 속도만큼 많은 사람들이 중산층에서 빠르게 사라져갔다. 이윽고 경제·교육·문화 등 거의 모든 분야의 양극화가 별다른 저항 없이 완성되었다. IMF 사태 이후 10여 년이 훌쩍 지난 지금, 현재의 한국을 살아가는 청년들은 한국이라는 국가를 '헬조선'으로 부르며 반드시 '탈출'해야 하는 장소로 인식하게 되었다.

물론 실제로 해외로 이주하는 사람들의 수는 큰 폭으로 낮아지고 있는 추세이다.* 이런 점에서 실제로 '탈조선'이 세간에 회자되는 것보다 많이 과장된 측면이 있는 것이 아닐까 하는 의구심을 품을 수도 있다. 하지만 과거 미국의 이민법이 적용되었던 1960~70년대와 2016년 지금 시기를 이민율로 단순하게 비교하는 것은 무리이다. 또한 전세계적으로 과거와 달리 영주권을 획득하기 위한 조건과 절차가 까다로워진 것도 이민율이 낮아지고 있는 중요한 요인이다. 우리는 앞선 설문조사에서 살펴봤듯이 실제로 해외 이주를 준비하는 것이 아니라 오히려 '심정적'으로나마 한국을 탈출하고자 하는 청년들이 크게 늘고 있다는 것에 주목해야 할 것이다.**

---

* 1976년 4만 6,533명을 기록하며 정점을 찍은 해외 이주자의 수는 1990년 2만 3,314명, 2003년 9,509명, 2013년 302명으로 큰 폭으로 줄어들었다. 「작년 해외 이주 302명… 1962년 통계 작성 이후 최저」(『연합뉴스』 2014년 2일 23일자) 기사에서는 해외 이주자가 큰 폭으로 감소하고 있는 이유를 "우리나라의 경제력·국력이 향상되면서 한국과 선진국 간 경제적 격차가 상당 부분 해소되었기 때문"으로 분석하고 있다.

** 또한, '글로벌 원체험'으로서의 워킹홀리데이를 중요하게 살펴봐야 한다. A가 말했던 것과 같이 당시의 경험, 특히 노동 경험이 향후 한국에서의 노동 경험과 비교할 수 있는 중요한 기

더 비참해지지 않기
위해서 떠난다

그렇다면 청년들은 왜 한국을 탈출하고 싶어 하는 것일까? A 말고도 더 많은 청년들을 만나서 이야기를 들어보았다. 연극배우가 되고 싶어 다니던 대학을 그만둔 B(25세, 여)는 지금 우울감과 불안에 어찌할 바를 모르고 있다. 그저 하고 싶은 일을 하며 제 몸 하나 정도 책임질 수 있는 삶을 소박하게 살아가고자 할 뿐인데도, 한국 사회는 이것조차 사치로 만들어버리는 것이다. 평범함이 사치가 되었을 때, 한 개인의 삶은 전반적인 난감함에 빠지게 된다. 새벽에 일어나 호텔에 나가 자리를 정돈하고 아침식사를 차리는 아르바이트를 하며 임금체불·착취 등을 골고루 경험한 B는 이제 배우의 길을 포기할지 말지를 고민하는 지경에 이르렀다. 대학을 다시 들어가는 것도 방법이겠지만, 또 다시 등록금을 대출받는 것이 두려워 망설여진다. B가 꿈꾸는 유일한 희망은 인도나 부탄, 네팔 등 '한국 같지 않은 나라'에서 2~3개월 정도 머물며 '헬조선'에서 잠시나마 벗어나는 것이다.

B와 동갑내기인 C(25세, 여)는 강정마을, 쌍용자동차, 세월호 등 다양

준이 되기 때문이다. 통계로 봤을 때, 호주로 워킹홀리데이를 떠나는 청년들의 수는 2012~13년 기준 3만 5,220명으로 전년도보다 8.1퍼센트 증가했다. 이는 영국(4만 6,131명), 대만(3만 5,761명)에 이어 3위에 해당하는 수치다. 특히 해외유학률은 2011년 26만 2,465명(대학 학위와 각종 연수 등)으로 정점을 찍은 뒤 2012년부터 인구감소 및 불안정한 경제적 여건 때문에 지속적으로 하락하고 있는 반면, 워킹홀리데이에 참여하는 청년들의 수는 계속 증가하고 있다는 점은 의미심장하다. 돈이나 사회적 자본이 없어 글로벌 경험을 하지 못하는 청년들에게 워킹홀리데이는 돈도 벌면서 영어도 배울 수 있는 좋은 기회로 인식되기 때문이다. 그리고 당시의 노동 경험으로 인해 한국을 '객관화'시켜볼 수 있는 계기가 된다는 점에서 오히려 이민율보다 더욱 '탈조선'과 관련된 의미심장한 수치라고 볼 수 있을 것이다. 「호주 워킹홀리데이 참가 한국인 8.1%↑」, 『연합뉴스』 2014년 1월 31일자; 통계청 유학생 현황 통계자료 참조(2016년 2월 1일 검색).

한 집회에 참여하며 사회적 문제의식과 이를 바꿔낼 개인의 역할에 대해 지속적으로 고민을 해왔다. 특히 세월호 관련 집회에서 경찰에 폭력적으로 연행된 경험을 하며 C는 국가가 시민에게 가하는 폭력에 대한 문제의식에 눈을 떴다. 그리고 자신이 소속된 대학 학과 내부의 폭력이라고 할 수 있는 '군대 문화'를 바로잡기 위한 운동을 시작했다.* 국가의 거대한 폭력은 바꿀 수 없어도 자신이 속한 작은 소집단의 폭력 정도는 몇몇 동료들과 함께 노력하면 바꿀 수 있을 것 같았다. 그런데 C는 해당 활동을 벌이다 학생회 임원 및 조교로부터 CCTV '감찰'을 당하는 '사건'이 벌어졌다. C는 이에 항의하는 장문의 대자보를 학과 벽에 붙였으며 문제를 사회적으로 공유하자는 차원에서 이를 페이스북에도 공유했다. 하지만 오히려 많은 수의 학생들은 내부의 '전통'으로 볼 수 있는 것을 SNS에 무단으로 마치 큰 문제인 것처럼 공개함으로써 학과 전체의 위상에 먹칠을 한 점, 그리고 이를 통해 수많은 학생들에게 피해를 끼쳤다는 점 등을 들어 C에게 공식 사과할 것을 요구했다. 심지어 학과의 입시 경쟁률이 소폭 하락한 것이 C의 책임으로 여겨질 정도였다. 결정적으로, C가 군대 문화의 핵심으로 지적했던 신고식은 이름만 바뀐 채 지속될 거라는 소식이 들려왔다. 이 사건이 계기가 되어 선배들 및 동기들과의 관계도 소원해진 C에게 남은 선택지는 학교를 자퇴하는 것이었다. C는 자신이 속한 작은 학과 내부에서 벌어지는 폭력을 바꿔내는 것 역시 국가적 폭력을 바꾸는 것만큼이나 어렵다는 것을 깨달았다고 말했다. 장강명이 쓴 소설 제목처럼, C는 '한국이 싫어서' 영국으로의 유학을 준비 중이다.

---

*C의 학과는 연기·영상 전공이다. 이 전공 분야에서는 단체 작품활동에 필요하다는 이유로 선후배 사이의 강한 위계질서를 당연한 문화로 인식하는 경향이 있다.

30대 초중반의 직장인들 역시 더이상 한국에서 삶의 기획을 포기한 채 해외 이주를 꿈꾸고 있다. IT기업에서 일하다가 그만 둔 D(33세, 남)는 지금 해외 유학을 준비 중이다. 한국 IT업계의 노동환경의 열악함, 한 달에 20일 이상을 밤샘 야근을 하도록 만드는 장시간 노동시간의 문제는 그에게 한국을 떠날 결심을 하게 한 주요 요인이었다. 야근수당보다 더 많이 나온 병원비 영수증을 받았을 때, IT기술의 현기증 나는 발전 속도에 비해 너무나도 '미개한' 조직문화를 경험했을 때, 선배로부터 전승될 수 있는 경험적 노하우가 하나도 남지 않게 되었으며 그들의 삶 역시 완전히 소진되어버린 자신과 별다를 바 없다고 느낄 때, 그는 도저히 한국에서는 미래에 대한 전망을 찾을 수 없었다고 말했다.

초등학교 선생인 E(34세, 여)는 비혼 여성으로서 한국에서 살아가는 것에 대한 공포를 말했다. 경직된 조직문화에서 비혼 여성으로 살아가는 것에 대한 고충은 말할 것도 없을뿐더러, 특히 소라넷 등 여성에 대한 성적 대상화가 범죄 수준으로까지 치닫는 현재의 상황에서 한국에서의 삶은 언제나 공포와 마주할 수밖에 없다는 것이다. 일상생활에서조차 공포가 느껴질 때 한국은 더이상 살 만한 나라가 아니다. 현재 E는 해외 파견 근무를 알아보는 등 '탈조선'을 향한 구체적인 계획을 세우고 있다. E는 다음과 같이 말했다.

내 일에서 보람을 느끼면서도 먹고살아갈 수 있어야 되는 거 아닌가요? 남자든 여자든 앞으로의 삶 정도는 계획할 수 있어야 하지 않나요? 살면서 행복할 수 있어야 하는 거 아닌가요? 어느 하나도 충족되지 않는 나라에 왜 남아 있느냐를, 저는 오히려 묻고 싶어요."

이렇듯 한국은 이제 왜 남아 있는지를 물어야 하는 나라가 되어버렸다.

비난받는 탈조선의
주인공들

"탈조선은 더 행복하게 살기 위해서 하는 것이 아니다. 더 비참해지지 않기 위해서 하는 것이다." 디씨위키의 '탈조선' 항목에 등장하는 이 문장은 앞서 본 사례들을 잘 요약하고 있다. 더 나은 삶을 향한 희망을 상실한 채 단지 살아 있는 상태만을 유지하기 위한 삶을 무한반복하며, 우울감과 절망을 앞으로 살아갈 삶의 피할 수 없는 조건으로 인정해버리는 순간, 우리는 '영겁회귀'의 무한한 고통에 놓인 지옥도와 마주하게 된다. 상황이 이러한데, '탈조선'을 생각하지 않는 것이 더 이상할 지경이다.

그럼에도 불구하고, 여전히 한국 사회에서 탈조선은 손쉬운 비난의 대상이 된다. 가장 먼저 비난의 칼을 꺼내는 이들은 자칭 '애국자'들이다. 한국의 미래를 이끌어가야 할 청년들이 한국이 싫어서 떠난다고 한다니, 국가발전 중심으로 사고하는 이들에게 탈조선은 도덕적으로 옳지 못한 것이다. 그래서 청년들에게 어려운 상황에 놓인 국가를 다시금 발전시키기 위한 '국민'으로 거듭나기를 강요한다. 또한 1990년대 세계화의 향취에 젖어 있는 글로벌 시장주의자들은 한국에서 패기 넘치게 '노오력'해도 모자랄 판에 해외로의 대책 없는 도피만을 꿈꾸고 있다는 혐의를 탈조선에 뒤집어씌운다. 이들이 봤을 때 세계는 해야 할 일과 할 수 있는 일이 여전히 넘쳐나기 때문에, 탈조선은 '노오력'하지 않는 무책임한 이들의 철없는 징징거림과 같은 것이다. 그래서 이들은 조금이라도 빨리 일자리가 있는 현장으로 가서 험한 일이라도 일단 경험하라고 강조한다. 즉 전자는 애국심의 부족, 후자는 '노오력'과 경험의 부족 때문에 각각 탈조선을 도덕적으로 비난한다.

하지만 이는 역설적으로 탈조선의 성격을 더욱 명확하게 해주고 있는 것은 아닌가? 한국이라는 국가 자체를 불신하고 혐오하는 것, 그리고 아무리 '노오력'해도 이런 한국 사회는 바뀌지 않을 것이라는 강한 확신. 이 두 가지야말로 현재의 탈조선을 구성하는 전제 조건이다. 때문에 많은 이들에게 탈조선은 분명한 비난의 대상이 아니라 '욕망의 모호한 대상'이 된다. 한국이라는 국가를 혐오하는 것에도 공감하고, 희망조차 사라져버렸다는 것 역시 알고 있지만, 그럼에도 불구하고 한국을 떠나지 못하는 난처한 상황에 놓이게 된 것이다. 이를테면 A의 또 다른 친구 F(35세, 남)는 A에게 다음과 같이 말했다.

> 너는 한국을 떠날 거면서 왜 그렇게 한국 사회를 비판하냐? 여기에 남아서 살아가는 사람들은 뭐가 되냐? 넌 굉장히 이기적이다. 난 떠나고 싶어도 못 떠난다.

떠나고 싶어도 못 떠나는 상태에 놓인 이들에게 '탈조선'은 한편으로 동경의 대상이기도 하면서 한편으로는 이기적인 행태가 된다. 누군가는 더 비참해지지 않기 위해 한국을 떠나려고 열심히 '노오력'하지만, 그만큼 남을 수밖에 없는 자들의 박탈감 역시 더욱 강해질 수밖에 없다. 이런 점에서 탈조선은 철저하게 '개인'을 위한 희망이다. 앞서 언급했던 두 방향의 비난과는 달리 탈조선은 국가중심적이거나 시장중심적인 자기희생의 강요에서 벗어나 오로지 자기 자신을 위한 희망을 향한다. 이는 아무리 개인 스스로를 착취하고 희생하는 '노오력'을 해도 '노답'이라는 것, 즉 국가와 기업의 다양한 성장지표와 가족과 개인의 삶이 더욱 궁핍해질 수밖에 없는 저성장 사회로 이미 접어들었다는 것과 깊게 연루되어 있다. 과거와는 달리 지금은 국가도, 기업도, 그 누구도 미래의 행복한 삶을 보장해줄 수 없다. 이런 차가운 현실 인식 아래에서는 결국 '희망'마저도 개인적 '노오력'의 몫으로 돌아가게 되며, 결국 '탈조선'은 이렇게 개인화된 희망을 지칭하는 언어가 된다. 이것이 아마 F가 A에게 이기적이라고 말했던 이유가 아니었을까.

탈출 자체가
희망이 되다

　　　　　　　　　　　　'헬조선'이란 언어가 광범위하게 퍼져나갈 때 많은 사람들이 주목했던 것은 한국 사회가 더 나아질 가능성이 없다는 것, 즉 '희망'이 없다는 것이었다. 사회적 양극화, 저출산 및 고령화, 장기적 경기침체 등 사회의 구조 전체가 변화하는 시기에 드러나는 각종 문제들을 해결할 수 있는 사회적 가능성이 점점 사라지고 있으며, 제도정치의 영역 역시 스스로의 이익을 챙기는 것에 골몰할 뿐 장기적 관점을 상실한 채 다가올 사회의 구조적 위기상황을 풀어낼 역량조차 없다는 것이다. 그러니까 '헬조선'은 희망이 없다는 것을 이미 수많은 사람들이 알아차려버린 비관적인 '간파'의 언어인 셈이다.

자연스럽게 탈조선은 사회가 더 나아질 가능성이 없을 때 생각할 수 있는 과격한 희망의 언어가 된다. 앞서 살펴봤듯 탈조선은 다른 나라에 희망과 기회가 있어서 떠나는 것이 아니라 단지 한국을 '탈출'하기 위한 것이기 때문에, 1960년대의 이민과 1990년대 글로벌 진출의 시기와는 차원이 다른 것이다. 또한 지금 시대의 '탈출脫出'은 1990년대 후반 근대의 저항 담론을 상징하는 언어였던 '탈주脫走'와도 전혀 다른 의미를 지닌다. 사회적 구조의 견고한 주체화 과정으로부터 이탈하여 스스로의 개별적 특징들을 드러냄으로써 억압적 구조에 균열을 일으키기 위해 고안된 저항적·실천적 언어가 바로 '탈주'였던 반면, 탈조선에서의 '탈출'은 새로운 '국가'나 '시장'을 찾아 떠나는 것도 아니고, 이들로부터 벗어나 주체적인 삶을 기획해나가는 개별적 저항의 실천과도 거리가 멀다. 탈조선은 단지 여기가 죽기보다 더 싫다는 격렬함의 표출이며, 그렇기 때문에 한국을 탈출하는 것 자체가 가장 절박한 목적이 되어버리는 것이다.

따라서 청년들이 탈조선을 유일한 희망으로 생각한다는 것은 국가나 시장의 기획, 그리고 저항 담론의 기획이 모두 실패했음을 보여주는 상징적인 사건이다. 즉 탈조선은 국익을 위해 희생하는 '국민'을 길러내는 데도 실패했고, 시장을 더욱 활성화시키기 위한 '노동자' 또는 '소비 주체'를 길러내는 데도 실패했으며, 심지어 억압적 구조에 저항할 수 있는 주체를 길러내는 것마저도 실패했음을 우리에게 알려주고 있다. 자국에 대한 혐오가 그 어느 때보다 강해지고 있을 때, 기업들이 글로벌 시장에서 더이상 새로운 기회를 만들어낼 여력이 없을 때, 저항 담론이 더이상 새로운 희망을 제안하지 못할 때, 그 자리를 대신한 것이 바로 탈조선이다. 따라서 탈조선은 비난과 희망의 언어라기보다는 차라리 성찰의 언어에 가깝다. 한국 사회가 지금 모든 영역에서 얼마만큼 실패하고 있는지를 가감 없이 보여주고 있기 때문이다.

난민의 시대가
오고 있다

　　　　　　　　　　　　　　어쩌면 이러한 실패는 의도된 것일 수도 있다. 미셸 푸코Michel Foucault가 말했듯이, 근대 이후의 통치권력은 더이상 국민을 관리해야 할 대상이 아니라 "살게 만들거나 죽게 내버려두는" 대상으로 전락시켜버리기 때문이다.[4] 죽지 않기 위해 각자가 알아서 살아남아야 할 때 지켜져야 할 유일한 덕목이 바로 경쟁이며, 지금의 신자유주의의 통치권력은 사회의 모든 분야에 경쟁적 환경을 구축하는 것을 스스로의 목표로 삼고 있다.[5] 따라서 경쟁에서 패배하거나 도태된다면 '알아서' 살아남아야 한다. 생존이야말로 현재의 시대정신이며, 경쟁이야말로 가장 중요한 도덕적 지침인 것이다.

　문제는 그 다음에 있다. 한국에서 탈출하는 것만이 유일하게 남은 희망이 될 때, 한국 사회는 마치 수용소와 비슷한 공간이 되며, 그 속에 존재하는 사람들은 '난민'이 되어버린다. 그러니까 '탈조선'이라는 언어 속에는 스스로를 '난민화'하는 사람들의 과격화된 마음이 담겨 있는 것이다. 물론 여기서의 난민은 현재 유럽에서 벌어지는 비극의 주체로서 실존하는 난민이 아니다. 이와 직접적으로 비교하는 것은 윤리적으로도 옳지 않다. 하지만 한국을 '탈출'해야 할 수용소와 유사한 장소로 인식하고 있는 한, '탈조선'을 꿈꾸는 사람들이 부지불식간에 '난민'이 되었음을 부정할 수는 없다. 또한 탈출하고 싶지만 어쩔 수 없이 지옥 같은 일상을 살아가야 하는 이들이야말로 '심정적 난민'이라고 할 수 있을 것이다. 이들은 국가를 위해 충성하는 '국민'도 아니고 신자유주의가 펼쳐놓은 경쟁적 환경에서 승리하기 위해 자기 스스로를 계발하며 경영하는 '호모 에코노미쿠스(경제적 인간)'도 아니다. 그렇다고 구조로부터 '탈주'할 수 있는 새로운 저항적 주체라고 볼 수도 없다. 이도 저도 아닌 애매한 위치에서 '심정적 난민'이 되기를 선택할 수밖에 없는 것, 그것이 곧 탈조선이 지시하는 삶이다. 결국 탈조선은 아무도 서로를 돌보지 않는, 즉 '사회'가 실종된 국가에서 어떻게든 살아남으려는 절망적인 자구책의 수사인 것이다.

알아서 살아남으라는 통치권력의 명령을 받는 주체, 단지 살아 있는 것만을 삶의 목적으로 삼아야 하는 주체를 조르조 아감벤Giorgio Agamben은 '벌거벗은 생명' '호모 사케르homo sacer'라고 불렀다. 호모 사케르는 "살해는 가능하되 희생물로 바칠 수는 없는 생명"[6]으로 정의된다. 즉 호모 사케르는 면책 살인의 가능성을 통해 법질서에 포함된다는 역설 때문에 국가체계로부터 예외적 존재가 되며, 또한 제물로 바쳐질 수 없기 때문에 제의적 형식으로부터도 예외적 존재가 된다. 이들은 국가로부터도, 그리고 종교로부터도 배제되어버린 존재들이었기 때문에 죽여도 처벌받지 않았으며 가까이 하기에는 불길한 존재들로 간주되어왔다. 아감벤은 호모 사케르야말로 현시대의 보편적 주체임을 말하고 있다. 국가가 더이상 국민의 생명을 책임지지 않고, 시장 역시 더이상의 노동력을 필요로 하지 않기 때문에 개인의 삶은 광범위하게 배제될 수밖에 없다.

아감벤은 다음과 같이 말했다.

> 만일 오늘날에는 명백하게 규정된 하나의 호모 사케르의 형상이 더이
> 상 존재하지 않는다면, 그것은 아마도 우리 모두가 잠재적인 호모 사케
> 르들이기 때문일 것이다.[7]

이 글을 쓰는 도중에, 레바논 베이루트와 프랑스 파리에서 일어난 테
러로 수많은 사람들이 목숨을 잃거나 다쳤다. 미국과 유럽은 테러 공포
에 질려 있고, 아프리카에서는 잔혹한 학살이 일상처럼 벌어지고 있다.
후쿠시마의 원전 재난은 전지구의 생명들을 위협하고 있으며, 살기 위
해 유럽행을 택한 시리아의 난민들은 지금 이 시간에도 목숨을 걸고 지
중해를 건너고 있다. 각종 지역에서 창궐한 신종 바이러스는 국경을 넘
나들며 인간의 통제 범위를 넘어선지 오래이다. 기상이변으로 인한 급
격한 기온 변화는 수많은 사람들의 삶의 터전을 황폐화시켰다. 이윽고
'헬조선'을 넘어선 '헬지구'라는 말이 등장했다. 무너지고 있는 것이 단
지 한국이 아니라 전지구적인 현상이라는 말이다. 국민의 시대가 서서
히 저물어가고 난민의 시대가 도래해버린 것이다.

호혜와 연대는
가능한가

아감벤이 '호모 사케르''벌
거벗은 생명'이라고 불렀던 삶의 형식은 이미 지구인들의 보편적인 삶

의 형식이 되고 있다. 따라서 '누가 국민인가'를 묻는 것으로는 이 위기를 돌파할 수 없다. 또한 극소수 글로벌 엘리트들에게만 열리는 지구의 시장화를 통해서도 난국은 타개되지 않는다. 탈조선이라는, 이 심정적 난민들은 낱개로 흩어지는 것이 아니라, 삶을 보호하는 상호 호혜적인 연대의 영역을 다시 상상하고 발명해야 한다고 온몸으로 말하고 있다.

글을 마무리하며 A에게 다시 연락을 했다. A는 나에게 골치 아픈 고민 하지 말고 빨리 한국을 떠나라는 쿨한 충고를 잊지 않았다. 나는 그에게 만약 해외로 이주하여 산다면 일하는 시간 외에 무엇을 할 것인지에 대해서 물어보았다. 그가 말하는 '행복'이 무엇인지 궁금했기 때문이다. 그의 대답은 다음과 같았다.

호주 워킹홀리데이 온 한국인들 숙박도 싸게 해주고, 밥도 지어주고, 그런 레지던스 같은 거 하나 차리면 좋겠다. 물론 숙박비는 조금 저렴하더라도 받아야겠지. 운영도 해야 하고. 무료로 할 수는 없으니까. 농장 같은데서 일하고 들어오면 많이 힘이 들거든. 먼저 경험했던 선배로서, 그때 내가 조금이라도 도움을 줄 수 있지 않을까. 안전하게 서로 지켜주고 챙겨주고 말이야.

또한 그는 영주권자에게 주어지는 선거 투표권을 적극적으로 행사할 것이며, 필요하면 현지에서 특정 정당이나 후보를 지지하는 선거운동도 할 생각이라고 말했다. 그의 말을 들으며 '호혜적인 연대'라는 것은 시간과 공간에 구애받지 않고 어디에서든 필요한 것이라는 생각을 했다. 그의 계획이 꼭 이루어지기를 간절히 바라본다.

헬조선 밖에서 헬조선 바라보기
고발과 정치의 관계에 관한 생각들

어렸을 적, 나의 어머니는 기회가 있을 때마다 "세계로 뻗어 나가야 한다."는 말씀을 하시곤 했다. 세계적으로 활약하는 한국 출신 학자나 해외의 유명한 학자가 한국의 신문이나 잡지에 소개될 때면, 형제를 눕혀 놓고 그 기사를 읽어주시기도 했다. 명절 때 시골에 내려가면 집성촌 어르신들이 모여 담소를 나누시는 걸 듣곤 하는데, 그럴 때면 종종 '세계화는 꼭 해야 한다'는 내용으로 이야기가 끝맺어지곤 했다. 지금 생각해보면 당신들의 '세계화'는 '해외에 나가 열심히 공부한 뒤에 다시 돌아와 조국을 발전시키는 데에 일조해야 한다'가 아니라, '앞으로 한국 사회는 세계화의 물결 속에 휩쓸리게 될 테니, 성공하기 위해서는 능동적으로 세계화를 받아들여야 할 것이다'라는 취지였던 것 같다. 폐허가 된 조국을 발전시키기 위한 사명감에서 유학길에 올랐던 시대와는 '세계화'의 맥락이 다른 것이다. 아무튼

'세계화'에 대한 이야기를 듣고 자란 덕택인지, 어려서부터 나는 해외에 나가 활약하고 있을 미래의 모습을 상상하곤 했고, 또 그런 상상 덕인지, 현재는 어렸을 적 상상했던 그런 활약은 아니지만 외국에서 그럭저럭 먹고살 정도의 활동을 하며 지내고 있다.

한국을 떠난 지 10여 년, 한국에서는 한국이 지옥같다며 떠나고 싶다고 이야기하는 사람들이 집단적으로 목소리를 내고 있다는 것을 알게 되었다. 이민으로 한국을 떠나는 사람들의 숫자와 자살로 한국을 떠나는 사람들의 숫자를 보고 있으면, 이미 오래전부터 한국은 헬조선이었고 탈조선은 트렌드였던 것 같기도 하다. 어쨌든, 헬조선이 하나의 담론으로서 형성되었음을 알고 나는 내심 박수를 쳤다. 아무리 지옥 같아도 '아! 대한민국'을 부를 수 밖에 없었던 시대가 가고 지옥을 지옥이라 부를 수 있는 시대가 왔다는 생각이 들었기 때문이다. 특히 헬조선 담론은 어른들을 향한 젊은이들의 메시지이기도 하기 때문에, 지옥을 지옥이라 여길 수 있게 된 젊은이들의 감수성 자체에 더 반가움을 느끼기도 했다. '우리는 당신들이 만들어 놓은 사회가 얼마나 형편없는지 잘 알 정도로 똑똑합니다'라는 선언을 헬조선이라는 아주 알기 쉬운 말로 표현해놓았으니 어찌 반기지 않을 수 있겠는가.

헬조선 담론의
본질

'헬조선' 같은 효과적인 슬로건은 제대로 먹혀 들어, 어른들의 언론인 주류 매체에서는 앞다투어 헬조선을 다룬 기사를 내보내고 있다. 헬조선을 헬조선이게 하는 이유 중 하나가 주류 매체라는 걸 아는지 모르는지,* 자기 발등을 찍는 줄도 모르고 그저 잘 팔리는 유행어를 좇아 헬조선 담론을 확대재생산하고 있는 모습은 웃음을 자아낸다. 그들은 오로지 사람들의 관심을 끌기 위해 헬조선을 들먹이고 있는지라, 헬조선 담론에 대한 이해는 피상적인 수준에 머문다. 주류 매체에서 이해하는 헬조선은 '나라 경제가 어려운 탓에 청년들의 불만이 과격하게 표출된 것'을 넘어서지 못한다. 안타깝게도 헬조선 담론은 청년들의 지갑을 채워준다고 없어질 그런 종류의 것이 아니다.** 헬조선 담론의 본질은 '여기서 살기 싫다'이지 '여기서 살기 힘들다'가 아니기 때문이다. 그래서 헬조선 담론을 논할 때에는 '어떤 상황이 그들의 삶을 힘들게 하는가?' 같은 질문과 더불어, '어떤 경험을 했을 때 정나미가 떨어져버리게 되는가?' 같은 질문을 같이 해야 한다. 예를 들어 다음과 같은 경험들 말이다.

어쩌다 그런 말이 나오게 되었는지는 기억나지 않지만, 담임 선생님에게 우리 집은 집이 12채라고 말을 한 적이 있다. 당시 상황은 기억하지 못하지만 집이 12채라는 말을 들은 담임 선생님(40대 남자)의 확대된 동공은 지금도 잊지 않고 있다. 사실 12채는 맞긴 맞는데 그건 집이라기보다는 단칸방이었고, 우리 집이 아니라 우리 가족이 관리하는 집이었다. 집 12채 발언 후 일주일도 채 지나지 않아 담임 선생님은 우리 집으

---

* 기자이자 작가인 한승동은 한국 사회의 모순과 언론의 책임을 성찰적으로 논의했다. 한승동 『지금 동아시아를 읽는다』, 마음산책 2013 참조.
** 헬조선 담론의 본질에 관해서는 다음의 두 글이 훌륭하게 요약하고 있다. 이창훈 「당신들은 아무것도 모릅니다」, 『한겨레』 2016년 1월 6일자; 박권일 「왜 분노하는 대신 혐오하는가」, 『한겨레』 2016년 2월 11일자.

로 가정 방문을 오셨고 우리 가족과 함께 저녁 식사를 했다. 식사를 마친 후 담임 선생님과 우리 가족은 산책을 했고 시종 굳은 표정으로 '12채의 집'을 확인하고 돌아간 담임 선생님이 두 번 다시 우리 집을 방문하는 일은 없었다. 이때가 1987년이었다.

초등학교 학생 회장 선거가 있던 날 아침, 아버지는 출근하시기 전 나를 앉혀 놓고 누가 뭐라 하든 꼭 입후보하라고 말씀하셨다. 아버지가 출근하신 뒤, 다시 어머니는 나를 배웅하며 절대로 입후보하면 안 된다고 신신당부를 하셨다. 나는 어떻게 해야 할지 결정을 내리지 못하고 있었는데, 학교에 가보니 나와 같은 고민을 하는 친구들이 있었다. 입후보자의 수는 6명이었는데, 그중 나를 포함한 4명이 사퇴 의사를 밝혔다. 선거를 총괄하던 젊은 남자 선생님은 당황하여 붉게 달아오른 얼굴로 4명을 따로 부른 뒤, 왜 사퇴하려고 하냐, 집에서 나가지 말라고 그랬냐며 물어오셨다. 하지만 그 자리에서 사퇴 이유를 솔직하게 대답한 사람은 아무도 없었다. 선생님과 우리 모두는 우리가 사퇴할 수밖에 없는 이유를 잘 알고 있었지만 그걸 입밖으로 꺼내는 이는 아무도 없었다. 결국 학생 회장 선거는 학교와 선생님들을 만족시킬 만한 정도의 재력이 있는 집안의 두 친구 간 대결이 되었다. 이때가 1990년이었다.

나이가 들어 학교를 대상화할 수 있게 되었을 때, 폭력으로 가득찬 학교를 바라보며 내 눈에는 이해할 수 없는 두 집단이 들어왔다. 하나는 폭력으로 가득찬 학교를 묵묵히 다니는 또래들이었고, 다른 하나는 폭력으로 가득찬 학교를 분명히 경험했을 선배들이었다. 왜 괴로우면서 괴롭다고 말하지 않고 일상을 반복하는 것일까? 그것이 얼마나 괴로운 것인지 잘 알면서 왜 졸업한 뒤에는 아름다운 추억으로 기억하는 것일까?

폭력을 일삼는 교사들은 어느 정도 분석이 가능했지만, 또래와 선배들에게만큼은 감정이입이 잘 되지 않았다. 그래서 조금 반항을 해보다가 그것마저 시간 낭비인 것 같아 탈학교를 했다. 그것이 1995년이었다.[*]

　이렇게 나의 경험을 이야기하다보니 나는 이미 헬조선과 탈조선을 경험한 것 같아 보인다. 물론 나의 경험은 학교에 국한되어 있다. 하지만 학교는 '리틀 헬조선'이라 불러도 손색이 없는 장소다. 청년실업 문제, 비정규직 증가와 같은 고용 불안정 문제, 낮은 경제 성장률이나 소득 양극화와 같은 경제적 요인들은 한국을 헬조선이게끔 하는 중요한 요인이지만, 한국에서 학교를 다니는 것만으로도 '어떤 경험을 했을 때 정나미가 떨어져버리게 되는가?' 같은 질문에는 대답하고도 남을 만한 경험을 할 수 있다. 게다가 지금껏 노동시장에 제대로 몸을 둔 적이 없는 내가 경제적 요인들을 다루는 것 역시 위험한 일일 수 있다. 그래서 어쩌면 나의 관점에는 내 또래나 후배들이 중요하게 생각하는 것들이 빠져 있을지도 모르겠다. 다만 '리틀 헬조선'을 탈출한 경험과 헬조선 밖에서 헬조선 담론을 바라볼 수 있는 위치는 쉽게 얻을 수 있는 것은 아닐 테니 그래도 나의 관점이 가지는 유용한 부분이 있을 것이다.

---

[*] 아마 공식적으로는 1996년일 것이다. 그때 '제적증명서' 같은 걸 받았는데 너무 기쁜 나머지 동네를 한 바퀴 돌았다. 그런데 그 중요한 서류를 잃어버려 공식적인 탈학교 날이 기억이 나지 않는다.

고발 :
싫음을 이야기하는 것의 의미

우선 헬조선 담론의 공죄를 따져보자. 앞서 말했듯, 헬조선 담론은 물론 반가운 것이지만 그래도 좋은 점과 나쁜 점이 있다. 헬조선이란 슬로건 아래에 모인 젊은이들의 정치적 에너지가 의미 있는 결과로 이어지게 하기 위해서는 헬조선 담론을 평가하고 독려할 필요가 있다. 헬조선 담론이 이루어낸 것은 무엇이고, 또 앞으로 빠지게 될지 모르는 함정에는 어떤 것이 있을까.

헬조선 담론의 가장 큰 특징은 그것이 혐오 담론이라는 것이다. 예를 들어, 인권연대 사무국장 오창익이 2008년에 내놓은 『십중팔구 한국에만 있는!』 같은 이야기들은 한국 사회를 비판하는 것이지 혐오하는 것은 아니다. 비판에는 대상에 대한 애착이 있지만, 혐오에는 대상에 대한 애착이 없다. 그래서 무언가를 혐오할 때는 그 대상과 나를 철저히 구분하려고 한다. 한국 사회를 혐오하는 경우, 나는 더이상 한국 사회의 구성원이 아니라 한국 사회를 구성하지 않는 다른 어떤 존재이고자 하는 것이다. 바로 이 부분이 기존의 한국 사회 비판과 헬조선 담론을 구분짓는 지점이다. 한국 사회에 대해 정나미가 떨어져버린 이들이 만들어낸 것이 헬조선 담론이기 때문에 비판의 범위와 정도가 기존의 한국 사회 비판에 비할 바가 아니다. 헬조선이라는 구호 아래 모인 이야기들을 읽어내려가다 보면 헬조선 담론에 총론으로서의 지위를 부여해도 손색이 없을 것이라는 느낌을 받곤 한다.

헬조선 담론의 공적을 평가할 수 있는 부분이 바로 이것이다. 한국 사회에 대한 정나미가 떨어지고 나서야 비로소 가능해진 전방위적 고발이야말로 헬조선 담론을 특별하게 만드는 조건이 된다. 게다가 부조리한 것을 보고 부조리하다고 소리 높여 외치는 젊은이들에게서 희망을 볼 수 있다. 얼핏 보면 그곳은 밑도 끝도 없는 비하와 중상으로 가득 차 있는 것처럼 보이지만, 그 안을 차분히 들여다보면 이상적인 한국 사회의 모습에 대한 젊은이들의 상상으로 가득하다는 것을 알 수 있다. 한국 사회의 발전을 원하는 성실한 위정자라면 헬조선 담론에 귀를 기울여 마땅하다.

다만 헬조선 담론이 빠지기 쉬운 함정이 있다. 그것은 바로 과격한 고발이 새로운 질서의 도래를 앞당길 것이라는 기대이다.* 충격요법은 치유와 관련이 없다. 충격요법은 현재 안고 있는 문제에 대한 관심을 다른 곳으로 돌리는 데에만 효과적이다. 고발이 과격해질수록 사람들의 관심은 문제 자체로부터 멀어질 것이다. 고발은 과격해야 하는 것이 아니라 근본적이어야 한다. 지엽적인 현상을 실마리로 삼아 근본에 자리하고 있는 것의 실체를 발견해내는 작업이야말로 새로운 질서의 도래를 앞당기는 지름길이 될 것이다.

정치 :
떠남을 이야기하는 것의 의미

헬조선 담론에서는 헬조선이 얼마나 헬조선인지를 논한 뒤 그 해법으로 탈조선을 꺼내는 것이 일반

---

* '한국 사회에 대한 애착을 잃어버렸음에도 그런 그들이 새로운 질서의 도래를 기대한다고 보는 이유는 무엇인가' 같은 어설픈 지적은 논외로 하자. 만약 젊은이들이 단순하게 애착을 잃어버린 것에 불과하다면 애초에 헬조선 담론은 담론으로서 형성되지 못했을 것이다.

적이다. 하지만 헬조선과 탈조선을 동시에 논하는 것은 어법적으로 모순이다. 헬조선을 논할 시간에 탈조선 준비를 하고 있어야 하기 때문이다. 애초에 헬조선 담론이 제안하는 탈조선 해법은 실천적 의미를 지니고 있지 않다고 해석하는 것이 옳을지도 모르겠다. 앞서 말한 과격한 고발의 일환으로서 탈조선이라는 해법을 제시하고 있다고 말이다. 그러나 탈조선이 실천적 의미를 지니고 있지 않다고 한다면 그것 역시 문제이다. 실천적 의미가 없는 탈조선은 탈정치화라는 함정으로 이어지기 쉽기 때문이다.

탈조선을 실천할 수 있는 이에게 탈조선이라는 슬로건은 아무런 의미를 가지지 못한다. 그들에게 탈조선은 선언하는 것이 아니라 행동하는 것이기 때문이다. 다시 말해, 나가버리면 그만이다. 탈조선이란 슬로건은 탈조선을 꿈으로 꿀 수 밖에 없는 사람에게만 의미를 가진다. 여기서 탈조선 해법이 가진 문제가 드러난다. 실천적 의미가 없는 탈조선은 정치적 침묵을 강요하는 극우 논리와 완전히 동일하다. '한국이 싫으니 나가자'와 '한국이 싫으면 나가라'는 동전의 앞뒷면일 뿐이다. 한쪽은 불만이 있는 사람들에게 싫으면 나가라고 외치면서 침묵을 강요하고 있고, 다른 한쪽은 불만이 해소되지 않을 것 같으니 나가자고 외치면서 스스로 침묵해버리고 만다. 애써 헬조선을 고발해놨는데 그것이 침묵으로 이어진다면 정말로 안타까운 일이 아닐 수 없다.

탈조선이 실천적 의미를 가질 때도 심각한 문제가 있다. 이 문제는 정치적이라기보다는 개인적인 문제인데, 탈조선을 실천하려는 개인은 목적의 부재와 대면해야 하는 커다란 과제를 안게 된다. 탈조선은 그것을 실천함과 동시에 관념 자체가 사라져버리기 때문이다. '탈조선한 사람'

이라는 정체성은 존재하지 않는다. 헬조선의 난민으로서 탈조선에 성공한 사람은 더이상 헬조선의 난민으로서가 아닌, 새로 도착한 사회의 시민으로 살아가야 하는 과제를 부여받게 된다. 탈조선할 생각만 하고 있었다면, 다른 사회의 시민으로 살아가라는 요구에는 어리둥절해질 수밖에 없다.

한국을 떠나는 것, 한국을 버리는 것은 쉽게 생각할 수 있는 선택지가 아니기 때문에 마치 한국을 떠나는 것이 나를 괴롭힌 한국 사회에 할 수 있는 최대의 복수처럼 느껴질 수 있다. 하지만, 한국을 떠나는 순간 나는 더이상 한국 사회와 관계가 없는 존재가 되고, 그래서 복수를 통한 속시원함 같은 것은 아무리 기다려도 오지 않는다. 한국을 떠나기 전, 나의 머릿속을 가득 채우고 있던 탈조선이란 관념은 이국땅을 밟는 순간 사라져버리고 그 자리에는 내가 탈조선을 간절히 원했던 만큼의 빈 공간이 생기게 된다. 탈조선이란 선택이 분노나 절망 같은 동기에서 나온다는 것을 생각하면, 그 공허함의 크기는 상상하기 힘들 정도로 클 수 있다.

실천적이든 실천적이지 않든 탈조선에는 문제가 있다고 하니, 탈조선을 논하는 것에는 아무런 이점이 없는 듯하다. 그러나 탈조선을 논하는 것에도 의미는 있다. 바로 애국심이라는 괴물에 균열을 가하는 효과가 발생한다는 점이다. 애국심은 윤리적으로 문제가 많은 개념이다. 애국심이라는 명목하에 다른 나라 사람의 목숨을 빼앗아도 되며, 종종 특정 집단의 권익을 옹호하는 수단으로 악용되기 때문이다. 탈조선 선언은 애국 선언과 정반대의 선언을 함으로써, 인권과 애국심 간의 긴장을 불러일으키고 사람들로 하여금 윤리적 고민에 빠지게 하는 순기능을 한다. 한국 사회를 떠나겠다고 하는 사람에게 애국심을 종용하는 것이 옳은 것인지, 아니면 거주이전의 자유를 인정하여 인권을 보장하는 것이 옳은 것인지에 관한 질문을 던져주는 것이다.

뿌리 내리며
사는 것의 중요성

마지막으로 헬조선 담론에서는 직접적으로 거론되고 있지 않지만, 헬조선 담론과 관련이 있는 중요한 고민에 관해 이야기해보자. 바로 헬조선 너머의 삶에 대한 고민이다.

종말론에는 세상이 곧 망할 것이라는 징조를 설명하는 이야기는 있지만 예정된 날이 지나도 종말이 오지 않고 다시 일상이 반복될 때에 대한 이야기는 없다. 당연하다. 종말 너머에 일상이 있다고 전제한다면 종말론이 아니다. 헬조선 담론도 이런 종말론과 비슷한 점이 있다. 헬조선 담론에는 헬조선을 고발한 이후에도 여전히 헬조선 안에서 살아가야 할 때의 이야기, 혹은 탈조선에 성공하여 헬조선과 무연한 사회에서 살아가야 할 때의 이야기가 없다. 헬조선을 고발하는 것만으로는 헬조선 너머에서도 지속될 삶에 대한 답을 얻을 수 없는 것이다.

헬조선 너머에서도 지속될 삶에 대한 답을 구하는 것은 '인생이란 무엇인가?'와 같은 질문에 대한 답을 구하는 것과 마찬가지이기 때문에 간단하게 풀리는 문제는 아니다. 하지만 어떤 식으로 풀어야 해답에 가까워질 수 있는지는 안다. 이 답을 구하는 좋은 방법은 상상하기를 멈추지 않는 것이고, 좋지 않은 방법은 죽창을 집어 드는 것이다. 죽창을 집어 드는 것은 그냥 파괴 행동이다. 파괴 행동은 즐겁기는 하지만 파괴 후에는 '어떤 질서가 바람직한 질서인가'라는 질문으로 다시 돌아오게 된다. 파괴 행동에 집착하여 '어떤 질서가 바람직한 질서인가'를 상상하는 능력을 잃어버리게 되면 죽창으로 찌르는 것밖에 모르는 사람들은 서로가 서로를 찔러 결국 자멸하고 말 것이다.

결국 기댈 곳은 마을밖에 없지 않을까. 동네 마을, 배움터 마을, 일터 마을에는 궁지에 몰려 죽창을 드는 선택밖에 할 수 없는 이들의 손에서 죽창을 내려놓게 하는 힘이 있다. 측은지심을 발휘하여 십시일반을 만들면 성난 이들에게 죽창 대신 밥을 쥐어줄 수 있는 것이다. 그리고 죽창을 내려놓은 이들이 바람직한 질서를 상상할 수 있도록 훈련도 시켜줄 수 있다. 새로운 질서를 시험해보고 개선할 점을 파악하려면 우선 사회가 있어야 하기 때문이다. 또 어쩌면 마을은 인생의 궁극적 목적일 수도 있다. 인간이 하늘을 날고 평균 수명이 2만 살 정도 된다면 지구적 차원에서 인생의 목적을 논할 수도 있겠다. 그러나 시공간적 제약을 받는 우리의 인생은 결국 지역적일 수밖에 없다.

마을에 기대려면 내가 기대려는 마을에 뿌리를 내려야 한다. 주지도 않고 받기만 하는 떠돌이에게 십시일반을 만들어줄 이웃이 있을까? 헬조선을 고발한 이후에도 헬조선에서 살아가야 하는 이들, 탈조선에 성공하여 헬조선과 무연한 사회에서 살아가야 하는 이들 모두 결국 떠돌이가 될 것인지 뿌리를 내릴 것인지를 결정해야 한다. 헬조선 담론 속에서 절망과 분노의 에너지로 충만한 이들이 모쪼록 마음을 차분히 가라앉히고 이런 고민을 진지하게 해주었으면 좋겠다. 나는 과연 헬조선의 떠돌이가 되려고 하는 것인지, 아니면 탈조선한 떠돌이가 되려고 하는 것인지.

탈조선하거나 대한민국을 텅텅 비우거나

싱가포르로 해외 취업을 나간 청년들의 이야기

2000년대 중반, 나는 서양 대학의 학위 프로그램을 수입하여 운용하는 말레이시아의 사립대학으로 유학을 떠난, 한국의 중하위권 대학에 다녔던 청년들을 연구했다. 이들은 저성장 고실업 사회로 진입하는 과정에서 자신의 학력 자본이 국내의 중산층으로의 진입 혹은 계급 재생산의 불가능성을 간파하고 이 위기감을 부모 세대와 공유하게 되었다. 이에 가족의 가용한 경제적 자원을 바탕으로 영어라는 언어적 자원과 서양 대학 학위라는 상징 자본을 통해 글로벌 노동시장의 회로로 들어가 글로벌 중산층으로의 전환 혹은 코스모폴리탄적 라이프스타일을 향유하려는 부모 세대와 자녀 세대의 통세대적 기획이었다. 신자유주의적 양극화가 급격하게 추진되는 과정에서 국내에서 안정적인 계급 재생산에 실패할지도 모른다는 불안감이 코스모폴리탄에 대한 열망과 동시에 작용하는데, 이러한 열망과 불안이

초국적 교육산업과 시장을 확대시키는 추동력이었다.[1]

그로부터 10년이 지난 지금, 나는 싱가포르로 해외 취업을 나온 청년들에 대한 연구를 시작했다.* 한쪽에서는 해외 취업을 통해 한국의 청년 실업을 해소하며 전세계적으로 뻗어 나가는 글로벌 한국이 될 것이라는 담론이 있고, 그 반대쪽에는 '헬조선'을 외치며 '탈조선'을 감행하는 청년들이 동시에 존재한다. 2000년대 중반, 한국 청년들의 해외 이주를 보면서 나는 '욕망'과 '불안'이라는 두 가지 키워드로 생각했다. 하지만 현재 해외 취업의 한 사례 연구를 하면서 나는 그 두 키워드보다는 '위태로움'과 '취약함'이 이제는 더 맞지 않을까 생각을 하고 있다. 욕망과 불안을 말하는 것조차 사치스럽거나 버겁게 느껴졌기 때문이다.

유학과 어학연수, 워킹홀리데이부터 해외 취업에 이르기까지 청년들의 해외로의 이주는 굉장히 다양한 흐름이 존재한다. 이처럼 청년들의 다양한 해외 이주가 있고, 때때로 그것은 탈조선이라고 불리기도 한다. 우연히 싱가포르에 장기간 체류하게 되면서 그곳으로 해외 취업을 나온 한국인 청년들을 자주 만나게 되었다. 각종 자기계발서와 미디어에서는 해외 취업을 통해 차별의 한계를 넘어 성공한 사람들의 코스모폴리탄 라이프스타일을 보여주는 데 여념이 없었지만, 내가 싱가포르에서 목격한 많은 이들은 굉장히 어려운 환경에서 저임금 비숙련 노동을 하고 있었다. 이 연구에서 해외 취업을 더 나은 일자리를 찾아 해외로 갔다는 단순한 이야기가 아니라 이 청년들이 왜 떠나야 했고 무슨 경로를 거쳐왔

---

* 이 연구는 2015년 서울시 청년허브의 청년연구사업 지원을 받아 그해 11월부터 12월까지 싱가포르에서 호텔, 식당, 일반 판매직 등으로 '해외 취업'을 떠난 20~30대 청년들에 대한 현지 조사를 바탕으로 하고 있다. 해외 취업에 나선 청년들 대부분은 도시 중하층의 가정에서 태어나 2년제 대학을 졸업했다.

고 무슨 경험을 하고 있는지를 중심으로 '탈조선'의 한 흐름으로서 해외 취업을 살펴보겠다.

어쩌면 익숙한
탈조선

'탈조선'이란 말은 2015년에 새롭게 등장한 단어지만, 그렇다고 해서 새삼스러운 현상은 아니다. 탈조선이라는 말을 대한민국이라는 물리적 국경에서 해외로 이주를 떠난 것으로 한정짓는다면, 앞의 글 「왜 한국을 버릴 결심을 했을까?」에서 보듯 한국의 근현대 역사에서 일제 식민지배, 내전, 그리고 국가에 의한 이주 장려 기획, '미국병'으로 대변되는 문화적 제국에 대한 열망 등 일련의 역사적인 맥락을 갖고 있다. 눈여겨볼 것은 근현대사적인 시점이나, 전세계 이주의 흐름 속에서 살펴보아도 한국의 이주는 굉장히 특징적인 성격을 갖는다는 점이다. 대게 대규모 이주는 내전, 극심한 가난, 엄청난 재해 등이 주요한 원인이 되는데, 한국의 경우 상대적으로 정치적 안정이 이뤄지고 빈곤에서 벗어나 전세계에서 가장 부유한 국가에 올랐음에도 불구하고, 해외 이주가 줄어들지 않고 있으며 오히려 이주를 고려하고 있는 사람들은 증가하고 있는 추세이다. (물론 북한이라는 대단한 불안정성이 존재하지만, 어림짐작으로 북한 때문에 해외 이주를 결정했다고 하는 사람은 거의 없을 것이다.)

현재 인구의 10퍼센트가 넘는 700만 명의 한국인이 현재 해외로 이주하여 살아가고 있다. 세계 평균인 3퍼센트보다 훨씬 높은 수치이며 본국

인구대비로 보아도 이스라엘, 아일랜드, 이탈리아에 이어 한국은 네 번째로 많은 자국민을 밖으로 내보낸 나라이다.[2] 글로벌 문화 자본을 획득하고 코스모폴리탄 엘리트 회로로 들어가기 위한 이주에서부터, 심화된 빈부격차 때문에 생계 유지를 목적으로 떠나는 '생계회로'를 통해 가는 이주, 노후 생활을 위한 노인들의 이주까지 한국인들은 다양한 형태로 한국을 떠난다.[3] 따라서 '탈조선'을 살펴볼 때에는 이렇듯 다양한 형태의 이주들로 구성되고 있음을 인지하는 것으로부터 시작해야 한다.

'탈조선' 혹은 해외 이주에 대해 접근할 때, 상당히 많은 경우 개인의 자발적 동기에만 초점을 맞추곤 한다. 다시 말해 한 개인이 무엇인가를 원했고, 그 결과 어디론가 떠났다는 것이다. 하지만 탈조선에는 다양한 층위가 있는 것처럼, 단순히 개인의 동기와 선택만으로 설명할 수 없는 부분들이 존재한다. 해외 이주는 한국의 국가권력이 일종의 '사회적 문제'를 처리하는 인구 통치의 한 양식이기도 했기 때문이다.

한국전쟁 이후부터 전쟁고아로 시작한 해외 입양을 보자. 한국은 가장 부유한 국가가 됐음에도 미혼 부모에 대한 사회적 인식을 개선하고 자식을 기를 수 있는 제도적 보완책을 마련하기보다는, 세계 1위의 입양아 수출국이라는 타이틀을 고수하며 그동안 20만 명의 인구를 '처리'했다.[4] 그뿐만 아니라 가시적 수치는 아닐지라도, 한국 사회의 가부장적 구조를 피하기 위해, 폭력적 군사주의와 평화에 대한 소신을 위해, 특정 섹슈얼리티에 대한 차별과 핍박으로부터 벗어나기 위해 떠나기도 했다. 물론 겉으로 봤을 때 자발적인 것처럼 보이는 이주들도 있다. 교육 지옥으로부터 도피하기 위해 교육 이민을 간 사람들도 굉장한 수를 기록하는데, 이 역시 교육이라는 한국 사회의 내부적인 문제가 해결되지 않은 채 진행된 것이다.

이러한 맥락에서 탈조선은 단순히 '헬조선'인 한국 사회를 떠나려하는 청년들의 자발적인 움직임만은 아니다. 개인의 자발성 문제와는 별개로, 한국의 근현대 역사에서 한국 사회는 국가 내부의 특정 '문제적' 인구를 자생적으로 사회적 해결책을 찾기보다는 외부에 전가하는 방식으로 주권 밖으로 '처리'해왔다. 박근혜 대통령은 2015년 3월 중동 순방 이후 "대한민국에 청년이 텅텅 빌 정도로 한번 해보라. 다 어디 갔냐고, 다 중동 갔다고…"라는 발언을 한 바 있는데,[5] (동시에 정부 기관들에서 청년들의 해외 취업 장려 정책들을 마구 쏟아냈는데) 이는 실업이라는 내부적 문제, '청년'이라는 특정 인구 그룹을 문제적 집단으로 삼아 외부로 '처리해'버리는 연장선상에 있다. 따라서 탈조선은 개인이 더 나은 삶 혹은 탈출하고자 하는 욕구에서 비롯된 선택이면서 동시에 문제적 인구 집단을 외부로 처리해버리는 한국 국가권력의 관습적인 인구 통치 방식의 결합으로 구성된다.

이러한 맥락에서 오늘날 싱가포르에는 정부의 해외 취업 장려 정책의 수혜(?)를 받은 수많은 청년들이 있다. 결론부터 말하자면, 이들이 해외로 오기까지의 과정부터 노동의 경험까지를 압축적으로 표현하는 단어는 '위태로운'precarious 혹은 '취약한'vulnerable이었다. 영국의 산업화 시대 교육 현장과 노동 계급의 재생산 간의 관계를 폴 윌리스가 '노동자 계급이 되는 것을 배우는 것'Learning to Labor 라고 분석했다면[6], 싱가포르로 해외 취업을 떠나기 전 한국 사회에서의 경험과 이들이 싱가포르로 이주 노동을 떠나는 경험을 통해서 배우고 체화하는 것은 '존재 자체의 위태로움을 배우는 것'Learning to precariousness이라고 할 수 있을 것 같다.

인류학자 앤 앨리슨은 그의 저서 『위태로운 일본*Precarious Japan*』을 통해서 2000년대 일본 사회가 신자유주의로의 이행 과정에서 그동안 일본 사회를 지탱해왔던 직업 안정성을 포기하고 개인의 능력주의와 경쟁 사회로 진입하는 과정에서 삶이 어떻게 위태로워지는가를 분석해낸다. 특히 경제적으로나 사회적으로 안전망 속에 단 한 번도 들어가지 못한 채, 끊임없이 불안정한 노동으로 삶을 이어나갈 수밖에 없는 청년들의 삶을 '일상화된 난민주의'*ordinary refugeeism*로 설명하고 있는데[7] 이러한 논의는 비단 일본에 국한된 것이 아니라, 필연적으로 신자유주의에 의해 뿌리채 흔들리고 있는 한국 사회를 비롯한 많은 사회에 해당되는 이야기일 것이다. 특히 앞의 글 「왜 한국을 버릴 결심을 했을까?」에서 언급했듯, 탈출 자체가 목적이 되어 버려 사회 자체가 거대한 수용소와 같아진 상황에서 한국 청년들이 경험하는 '심정적 난민화'는 이러한 일상화된 난민주의의 한 양상일 것이다. 이 글은 이러한 논의를 바탕으로, 싱가포르로 '탈조선/해외 취업'을 한 청년들이 구체적으로 어떻게 '위태로움'을 체득하게 되며, 그 과정에서 어떠한 방식으로 더욱더 취약한 존재들이 되어가는지에 대해서 이야기해보고자 한다.

탈조선 했거나

혹은 당했거나

해외 취업을 통해 한국의 청년실업 문제를 해결하고 글로벌 한국 이미지를 강화시키겠다는 정부 기관의 희망과는 반대로 내가 조사한 싱가포르로 취업을 온 한국 청년들은 대부분 한국에서 나름대로 자신의 인적 자본으로 구할 수 있는 괜찮은 직장들에 다니고 있었다. 고등학교 졸업이라는 학력으로 시중 대형 은행에 입사하여 전국에서도 손꼽히는 실적을 자랑했던 '고졸 신화'의 청년부터, 유명 글로벌 브랜드 호텔 체인의 정규직 직원, 국내 대기업의 정규직 판매 영업사원 등 다양한 직종에서 '나름대로' 안정적인 직장생활을 이미 하고 있었다. 다시 말해 이들이 한국을 떠나 해외로 취업을 결정한 것은 단순히 '실업' 때문이 아니라 직장생활을 하게 되면서, 더 나아가 직장생활을 통해서 한국 사회를 깨닫게 되면서였다.

대부분 고객을 직접적으로 응대하는 서비스 업종에 종사했던 이들에게 노동을 한다는 것은 한국 사회에 산재해 있는 각종 폭력과 차별을 노골적으로 경험한다는 것을 의미했다. 취업하는 과정에서부터 본격적인 직장생활에 이르기까지 학력차별, 성차별 등의 구조적인 차별에 노출된다. 여성들의 경우 모두들 구직활동을 할 때부터 성취와 능력보다는 '외모'가 가장 중요한 요건이라는 것을 깨닫게 된다. 대학 성적과 외국어 실력이 높고 인턴십 성적이 더 좋았음에도 불구하고 면접 때 자신보다 '예쁜' 사람들만 채용이 된다든가, 면접 시에 이력서조차 제대로 보지 않고 얼굴 생김새와 몸매만 계속 얘기하고 심지어 성형을 권유하는 채용담당자들을 지속적으로 만나게 된다든가, 각각의 업체들이 특정 외모 위주로 선발하는 것을 보면서 서비스 업종에서 여성이란 외모만으로 평가받는다는 것을 깨닫게 된다. 물론 그렇게 들어간 직장에서도 직장 동료들은 외모 감시자로서의 역할을 톡톡히 한다. 대부분의 동료들은 '요즘 살이 쪘네 빠졌네' '얼굴 어디를 좀더 고칠 필요가 있다'는 등 매일같이 노동 현장에서 외모 감시자가 된다. 고된 노동과 박봉뿐만 아니라 학력

등의 이유로 승진 기회가 전혀 없기에, 대부분의 여성은 7~8년 이내에 직장을 그만두게 된다. 따라서 직장생활을 훌륭하게 잘한다는 것은, 자신도 다른 이들에게 훌륭한 외모 감시자가 되어 성차별적인 지적을 일삼다가 몇 년 뒤에 더 젊고 예쁜 아이들로 대체당하는 것이며 그렇게 직장에서 '미래'가 전혀 가능하지 않기 때문에 탈출을 결심한다. 커리어도 없고, 선배들도 자신보다 나은 사람은 아니었기 때문이다.

하지만 외모차별을 비롯하여 이들을 짓눌렀던 것은 한국에서 노동 경험은 단순히 일을 하는 것이 아니라 자신을 탈진할 때까지 '소진'시키는 과정이었기 때문이다. 시중 대형은행에서 '고졸 신화'를 착실하게 쓰고 있던 주나리는 한편으로 육체노동과 감정노동의 최전선에 몰려 온갖 부당함을 감당해내다가 소진될 수밖에 없었던 이야기를 들려준다.

너무 힘든 것은 고객한테 무릎만 안 꿇었지 빌빌대는 거였어요. 얼굴에 카드도 던지고 통장도 마구 던져요. 을도 아니고 병도 아니고 정인 입장이 바로 창구직원이었어요. '죄송합니다'라는 말을 하루에도 천 번도 넘게 해야하는 입장이에요. 입에 달고 살아요. 그냥 죄송합니다 기계죠. 손님이 딱 앉으면 '안녕하세요'라고 인사를 하는 게 아니라 '오래 기다리게 해서 죄송합니다'라고 이야기를 시작해요. 근데 손님한테는 죄송합니다라는 말이 안 들리나봐요… 서류를 쓸 때도 사인할 곳이 많다고 투덜대면 또 죄송하다고 해야하죠. 대한민국의 모든 서비스직이 그런 거예요. 저만 특별히 그런 게 아니라… 한번은 만삭의 임산부가 와서 국세청에 문의할 것을 저에게 와서 따졌어요. 그래서 어디다 문의해야 하는지 알려드렸더니, "니가 할 수 없어서 나보고 다른 데 알아 보라는 거야?"라면서 짜증을 내더니 "보이죠? 제가 임신 중이라서 언니 얼굴만 봐도 역겹거든요, 언니 치워주시고 다른 직원 좀 데리고 와요."라고 했어요. 이 말이 멍이 됐어요. 근데 더 문제는 그런 일을 처리하고 나서 마음을 다스릴 수도 없이 바로 다음 고객을 받겠다고 '띵동'을 해야하는 거에요. (제가 좀 쉬면) 다른 동료 직원들에게 피해가 갈 수 있으니까요. 그런 상황을 너무 견딜 수가 없었어요.

　서비스 직종에서 이들이 경험한 것은 자신이 '을'도 아니고 '병'도 아니고 '정'이라는 사회적 지위였다. 주나리는 출근을 하면서 심장 박동이 견딜 수 없을 만큼 빨라지고 괴로워져서 신경정신과 상담을 받았는데, '화병'이라는 진단을 받게 된다. 미국 정신의학회가 편찬하는 『정신장애의 진단 및 통계 편람』에서 화병은 한국 사회에만 특별하게 존재하는 문화적 심리 장애로 구별하고 있는데, 주관적 노여움, 억울함 그리고 오래된 분노가 지속적으로 응축된 결과로 나타난다.[8] 2년간의 직장생활 동안만 스무살의 주나리가 얻게 된 것은 약간의 통장 잔고와 '한국에서 특수하게 발견되는 문화적 정신질환'인 화병이었다. 그는 직장을 관두고 1년간 매일 소주를 먹으며 보내다, 한국 사회 밖으로 나가기로 결정했다.

　한 항공사 예약센터에서 근무를 했던 제임스의 경우에도 "회사가 나를 욕받이로 쓴 거죠. 돈 주는데 공짜로 주지는 않고, 욕을 받는 일로 쓴 거죠."라고 자신의 노동 경험을 말했다. 경제적 보상이 주어지지 않는 당연한 초과 근무와 노동 착취, 그리고 고객에 의한 과도한 감정 착취는 이들이 한국의 직장에서 경험한 것이었고, 이에 대한 안전망과 보호 장치가 없는 상황 속에서 이들은 탈출을 감행하게 된 것이었다. 다시 말해 실업 상태에서 해외 취업을 한 것이 아니라, 한국 사회의 노동으로부터 탈출을 한 것이다. 물론 그 밖은 조금 더 합리적일 것이라는 (어쩌면 너무나 순진한) 희망을 갖고서 말이다.

'정'의 입장이든 '욕받이'든 그들의 노동이 '가장 취약한 존재가 되기'라는 것은 단순히 이들의 구직 과정과 직장생활을 통해서 갑작스럽게 경험한 것은 아니다. 사실 이것은 굉장히 오랜 시간을 걸쳐 이뤄진 한국 사회의 사회화 과정으로 보는 것이 옳다. 이들의 학교 경험을 돌이켜 살펴보면, 지속적으로 경쟁 구도 속에 놓여져 있었고 그 경쟁에 따라 등급을 매겨 차등적인 권리와 혜택이 주어졌다. 이와 동시에 공교육이라는 것이 시민사회의 공공성을 배우고 시민으로 성장하는 장이 아니라 등급에 따른 차별적 지위들을 부여하기 위한 '걸러내기' 역할을 주도적으로 했고, 이 걸러내기의 과정에서 지배적으로 영향을 미친 것은 공교육 외부에 있는 사교육 시장에서의 소비력이었다. 따라서 이들은 갑/을보다는 병/정이 되는 것을 자연스러운 것으로 이해하고 또 체화했으며, 동시에 자신의 권리와 인권이라는 개념을 갖춘 시민이 되기보다는 먼저 '소비자'가 될 수밖에 없었다. 다시 말해 이것은 2000년대 이후 한국 사회의 교육 영역에서의 신자유주의화가 완성시킨, 교과 과정에서 언급되지는 않았으나 교육 현장에서 자연스럽게 사회적 기준과 가치 그리고 믿음을 이식시키는 일종의 히든 커리큘럼[9]이었다.

이들은 자신이 병/정의 입장에 놓인 것을 내가 공부를 잘 못해서 좋은 대학에 들어가지 못했기 때문이라며 자기 책임으로 여긴다. 직장 내에서 부당한 차별과 노동 과정에서 받는 감정적 소진과 폭력 등은 잘못된 일이지만 그런 폭력과 착취에 노출이 쉬운 직업을 가질 수밖에 없었던 것을 자신의 능력 문제로 이해한다. 학교에 다닐 때부터 성적에 의해 불평등한 위치에 놓여 있는 것은 자신의 능력에 따른 차별적 배분이었으며, 학교는 권리와 인권을 배우고 시민이 되는 것을 배우는 것이 아니라 특정한 구조 속에서 예기되는 차별들을 순응하며 그것을 내재화하도록 배우는 곳이었기 때문이다. 좀더 좋은 대학을 가기 위해서 '소비'했던 재수학원도 역시 마찬가지였다. '스파르타식'을 강조하는 재수학원이 가장 인기인데, 자신은 앞선 공교육 과정에서 '병과 정'에 들어가는 존재로서 강제적으로 훈육되어야 한다는 동의를 하고, 24시간 동안 CCTV와 훈련조교에 가까운 강사들 아래에서 자신을 가두며 입시전쟁에서 승리하지 못한 자들이 당하는 취약한 존재로서의 '사육'을 자발적으로 경험한다.

특히 권리는 인간과 시민으로서 갖게 되는 것이 아니라, 소비 능력에 의해서 보장되는 것임을 소비자본주의 사회로 급격히 이행한 한국 사회에서 배운 바 있으므로, 노동 현장에서 '소비자'의 위치가 아닌 자신은 권리가 없는 존재이며 빼어난 인적 자본과 학력을 갖추지 않았기 때문에 그 안에서 겪게 되는 부당한 차별과 폭력들은 자신이 감내하거나 책임져야 하는 것으로 받아들이게 되는 것이다. 따라서 자신의 '취약함'과 '위태로움'은 사회적 문제라기보다는 개인의 능력 문제로 치환되고, 그 안에서 '탈출'은 그들이 사회에 던지는, 비록 그것이 '침묵'일지라도, 나름의 저항이었을지도 모른다.

이 땅을 떠났지만
어디엔가 갇혀버리다

직장 내에서 해외 경력이 우대 받는 상황 혹은 직장에서 계속 일을 하게 될 경우 자신도 더 나은 사람이 되기보다는 '별로'인 사람이 되고 7~8년 뒤의 자신의 커리어를 상상할 수 없는 상황에서 해외 취업은 손해볼 것이 없다는 계산이 들게 된다. 영어를 비롯한 외국어를 좀더 능숙하게 하고, 번듯한 브랜드의 서비스 직종에서 이력을 쌓게 되면, 한국에 돌아왔을 때 서비스직의 최전방이 아니라 나름대로 승진 트랙에 올라갈 수 있게 되거나 아니면 완전히 '탈조선'하여 해외에서 계속 살 수도 있을 거라는 꿈을 꾸게 된다.

내가 만났던 청년들은 한국에서의 직장 경험에 염증을 느끼고, 더이상 나아질 것이 없다는 절망을 간파한 이후 포털 사이트에 '해외 취업'을 검색하게 된다. 청년실업 문제를 해결하기 위해 해외 취업 알선이 국가 정책으로 여겨지면서, 정부 산하 관련 기관들은 해외 취업 에이전시들과 연계해 각종 해외 취업 프로그램을 진행하게 되고, 이에 에이전시들은 '국비지원 해외 취업'이라는 타이틀을 걸고 홍보에 열을 올린다. 특히 이들에게 '국비지원'이라는 말은 특별하게 다가 오는데, 그것은 정보가 부족하고 불완정한 상태에서 일종의 신뢰를 주기 때문이다. 사실 이주 노동에 대한 다양한 연구에서 이들 해외 취업 알선 에이전시들이 정보 불균형성을 기반으로 이주 노동자들을 어떻게 또 다른 착취 구조 속으로 몰아넣고 있는지에 대해서는 충분히 논의된 바가 있다.[10] 이 선행연구들에서 보여주는 중국과 필리핀 등의 해외 에이전시와 한국 에이전시들이 다른 점은, 이 에이전시들을 '해외 이주 노동 직업 소개소' 기능이 아니라 일종의 정부 지원을 받은 직업-교육 프로젝트의 연장선상으로 위치시킨다는 것이다.

예를 들어 많은 에이전시들이 필리핀 등지에서 일정 기간 어학연수를 받고 이후 유명 글로벌 기업에 100퍼센트 취직을 보장한다는 '국비지원' 프로그램을 운영한다. 이 에이전시들은 대학 취업박람회 등을 통해서 해외 취업 '컨설팅 워크숍'을 진행하며, 이때는 포춘 선정 50대 기업 등에 취업이 가능하다는 식으로 홍보한다. 청년실업난을 해소하기 위해 정부가 지원하며 또 '인증'받은 사업으로 일정 부분의 수수료와 행정 처리비 그리고 현지 생활비만 내고 정부 지원금으로 무료 교육을 받을 수 있다는 것이 대부분의 에이전시들에서 홍보하는 내용이다. 특히 이 과정에서 지원자들은 일종의 '선발 방식'을 거쳐야만 한다. 국가가 지원금을 주어서 해외에서 교육 프로그램을 이수하고 취업까지 할 수 있기 때문에 누구에게나 열려 있는 것이 아니라 특정한 자격 조건을 갖추고 시험에 통과한 사람들만이 가능하다는 것이다. 일반 취업 과정처럼 서류 심사와 면접을 거쳐 최종 통보를 받는 식으로 진행되는데, 이 과정에서 청년들은 자신이 이 시험들을 '통과'했다는 안도감을 갖기도 하지만 프로그램이 본격적으로 시작된 뒤 사실 이 과정은 모두 요식행위였거나 자신들의 권력을 더욱 높이는 방식이었을 뿐 에이전시들은 어느 누구도 불합격시키지 않았으며, 더욱더 많은 수의 사람들을 해외로 보내는 것이 그들의 이익을 최대화하는 것임을 깨닫고는 허탈해한다.

'국비지원'으로 교육비를 받기 때문에 실질적으로 들어가는 돈이 별로 없다는 것은 점차 거짓이 된다. 필리핀에서 사설 어학연수 프로그램으로는 유일하게 대학 부속 어학원이며 '스파르타식 훈련'을 통해 단기간 내 영어 실력이 향상되고, 안전한 캠퍼스 내 기숙사 생활을 보장한다고 소개했지만, 막상 필리핀에서 이들은 자신이 도착한 곳은 필리핀 내에서 한인 대상 범죄로 악명 높고 3주에 한 번꼴로 한인 살인 사건이 일어나는 곳이며, 대학 부설이라고 하는 것은 동네 보습학원만도 못한 시설에 제대로 된 자격을 갖춘 영어 강사도 없는 한인이 운영하는 영세 사업체였다. 상하수도도 제대로 갖춰져 있지 않은 낡은 건물에 방 하나에 3명이 같이 살아야 하는 기숙사라는 것은 한 달에 100만 원이 넘었다. 그 외에도 대행 수수료라는 명목 등으로 계속 비용이 청구됐고, 그렇게 필리핀에서의 어학연수를 거쳐 싱가포르 도착까지 1인당 최소 600만 원에서 1,000만 원에 달하는 돈을 부담했다. 해외 취업을 가기 위해 다니던 직장까지 관둔 상태이며, 어학연수 프로그램만 다소 엉망일 뿐 싱가포르에서 일을 하면 문제가 해결되지 않을까 하는 얄팍한 기대로 이 진퇴양난의 시간을 보내게 된다.

이들은 필리핀에서 명목상으로는 '어학연수'를 받고 그곳에서 대기하면서 스카이프 등으로 온라인 면접을 본 후 싱가포르로 해외 취업이 결정된다. 한국 에이전시들이 이들의 이력서를 받아 싱가포르 현지 에이전시에 보내면 이 에이전시들에서 면접 대상자를 선발하여 필리핀에 있는 이들을 인터넷 영상 면접을 하는 방식이다. 하지만 일류 호텔에서 모두 일을 할 수 있다, 포춘 선정 50대 기업에서 일을 할 수가 있다는 것이 사실상 허구에 가까운 것이었다는 사실을 이 과정에서 알게 된다. 물론 극소수의 청년들이 일류 호텔에 레스토랑 보조원이나 홀서빙 직원으로 채용되는 것이 사실이기는 하지만, 자신들처럼 영어를 능숙하게 하지 못하는 직원을 그 회사들이 뽑을 이유가 전혀 없었다는 것을 이 면접 과정에서 깨닫게 되고, 또다시 자신의 능력 부족을 탓하게 된다. 에이전시들은 가장 비숙련 노동의 하급직으로 이런 글로벌 회사들의 면접을 두 번 정도 알선하고, 자신들은 모든 노력을 했으나 너희들이 능력이 부족하여 떨어진 것이라고 책임을 전가하며 '너희들 이제 아무 데나 다 돌릴 거다. 일반 레스토랑이든 아무 데든 그냥 가라'고 윽박지르게 된다.

사실 어학연수의 명목으로 필리핀으로 공간을 '이주'시킨 것은 어쩌면 에이전시들이 청년들을 가장 취약한 존재로 만드는 전략이었을 수도 있다. 오프라인상에서 실질적으로 정보와 자원을 구할 수 있는 것이 차단되며 이들은 생활 자체를 사실상 에이전시들에게 전적으로 의존하게 된다. 특히 에이전시들은 이전에 말했던 것과 다르다며 항의를 하는 사람들에게 면접 기회를 제한하고 정보를 제한하는 방식으로 '조련'을 시킨다.

결국 대다수의 청년들은 애초 기대했던 것과는 달리 소규모 호텔, 동네 작은 레스토랑, 백화점 일반 판매직 등으로 '선발'되어 필리핀을 떠나 싱가포르에 도착하게 된다. 애시당초 두 달간의 필리핀 어학연수로 외국어 실력이 갑자기 높아지는 것은 불가능했던 일이었다. 한 청년은 이 상황에 대해 아는 사람도 없고 말도 제대로 통하지 않는 상태에서 '어서 빨리 싱가포르로 팔려가기를 기다리는 대기 상태'라고 표현하기도 했다. 또 한 청년은 직장을 관두고 해외 취업을 왔는데, 해외 취업이 아니라 '해외 알바'를 온 것이라며 허탈해하기도 했다. 이처럼 극도로 취약해진 격리 상태에서 청년들은 기대했던 것과는 전혀 다른 직장과 처참한 임금 그리고 열악한 복리 후생 등에 '동의'하게 된다. 물론 돌이켜 생각해보면 그때의 결정은 정말로 이해도 가지 않고 어리석기 짝이 없는 일이었지만, 같은 처지의 청년들이 해외의 험악한 마을에서 격리되어 있을 때 그것은 '정상적인 판단'이기도 했다. '국비지원'이라는 말을 믿었지만, 정작 국가의 흔적은 찾아볼 수 없었다. 물론 이 프로그램의 어딘가에 국가 지원금이 쓰일 것이라는 짐작만 할 뿐이었다.

먹이사슬의 가장 하층에
위치한다는 것

이들은 앞서 기술한 과정을 거쳐 자국에 필요한 저임금 비숙련 노동을 최저임금제도 없이 아주 값싸게 해외 이주 인력을 통해 해결하려는 싱가포르에 도착하게 된다. 싱가포르는 이들 이주 노동자들의 '수준'에 의하여 이주 노동자 비자 등급을 나누고 있는데, 전문 기술을 보유하고 고임금을 받는 이들을 위한 EP Employment Pass, 중간 관리자 혹은 숙련 노동자들을 위한 SP S Pass, 비숙련 저임금 단순 노동자들을 위한 WP Work Permit 등으로 분류하고, 이 비자의 등급에 따라서 동반자를 데리고 올 수 있는지 여부를 결정짓고 각종 권리들을 제한한다. 물론 '생존회로'로 글로벌 시티에 당도한 이들이 받게 되는 '등급'은 WP였다. 이들은 싱가포르가 필요로 하나 시민으로 받아들이고 싶어하지 않는, 단순 노동과 재생산 노동 등을 해결해주면서도 동시에 이들에게 필요한 사회적 서비스는 최소한으로 축소하여 가장 값싸게 노동 부족 문제를 해결하는 영역에 진입하게 된 것이다. 다시 말해 싱가포르가 만들어놓은 이주 노동자 먹이 사슬의 가장 하단에 위치하게 된 것이었는데, 이것은 단순히 싱가포르 내부에서의 지위의 위계서열뿐만 아니라, 글로벌 한국인 사회 내에서의 자신의 위치를 의미하는 것이자, 일종의 '낙인'이기도 했다.

> 수저랑 같아요. 금수저 은수저 흙수저처럼 EP는 능력있는 거, SP는 그냥 보통, WP는 그냥 아무것도 없는 사람인 거죠. (이곳 싱가포르) 한국 사람들 내에서 저 사람이 WP인지 EP인지 SP인지 이런 것도 중요해요. 그 사람이 어떤 비자를 갖고 왔느냐에 따라서 그 사람의 등급이 보이는 거잖아요. 사람들이 엄청 신경쓰더라고요… 처음에 와서 WP라고 집주인이 (세입자로) 안 받는다고 했을 때, 전화기를 개통하려고 했더니 WP는 800불을 보증금으로 내놓으라고 하는 걸 보면서 이게 정말 사람 등급이자 신용 등급이구나 싶었어요.
>
> ── 김인호(가명, 28세 호텔 근무)

개개인마다 차이는 있지만 나의 조사에서 대부분의 '해외 취업'을 떠난 청년들은 월급으로 최소 70만 원부터 시작하여, 평균적으로는 110만 원 정도를 받았다. 보통 주 6일 근무로 법정 근무 시간이 8~9시간이지만 실질적으로는 12시간 이상 일을 해야 하는 경우가 부지기수였다. 물론 초과 근무 수당이 주어지지 않는 경우가 허다했다. 심지어 월 2일만 쉴 수 있는 경우가 있었는데, 몸이 아파 병가를 내야하는 경우에는 자신이 받는 하루치 임금보다 더 큰 금액을 벌금으로 내야하기도 했다. 대부분의 경우 계약서조차 제대로 받지 못한 채 왔기 때문에 (심지어 스마트폰 메신저로 계약서를 사진으로 보내준 경우도 있었다) 자신들이 '노동'을 통해 어떤 '벌금'을 물어야 하는지 알지 못하는 경우가 많았다. 매장에서 도난 사건이 일어났을 때에도 자신의 책임이었고, 자기 담당 테이블 손님이 돈을 지불하지 않고 간 경우에도 자신의 책임이었다. 취업 후 6개월 이내에 관둘 경우에도 회사에 위약금을 물어야 했고, 일하는 과정에서 다치더라도 대부분 자신의 책임이었다. 적지 않은 경우는 매달 월급의 10~20퍼센트를 싱가포르의 에이전시들에게 취업 알선 수수료로 납부해야만 했다. 대부분의 계약 조건들은 싱가포르 노동법을 위반하는 조건이었음에도 불구하고, 이들이 문제제기를 하고 항의를 할 수 있는 통로는 거의 에이전시였으며 싱가포르 정부의 노동법 위반 신고센터를 이용하려고 해도 언어 제약 때문에 결국에는 이 계약들을 받아들여야 하는 경우가 많았다. 사측의 인력관리팀에 이야기를 하면, 이들은 싱가포르 현지 에이전시에 문의하라고 하고, 현지 에이전시는 한국 에이전시에 문의하라면서 책임 소재를 애매하게 만들든가, 아니면 "받아들이든가 아니면 이 땅을 떠나라."라며 비자를 취소시켜 불법 체류자로 만들어 버리겠다고 협박을 하기도 한다.

더군다나 세계에서 가장 비싼 물가[11]를 자랑하는 싱가포르에서 100만 원 남짓의 월급을 갖고 산다는 것은 자동적으로 '빈곤'을 의미하는 것이기도 했다. 고시원 크기의 방은 월세가 80만 원을 넘는 게 보통이었고, 최소한의 생활을 하기 위해서는 한국뿐만 아니라 다른 아시아 국가들에서 자신처럼 WP를 받고 '생존회로'를 통해 싱가포르로 온 3~4명의 사람들과 작은 방을 공유해야만 했다. 세계에서 가장 화려한 도시에서 가장 처참한 생활을 하는 것이 해외 취업의 진짜 모습이었구나를 가끔 깨닫고는 하지만, 고된 근무와 언어 스트레스에 자신의 상황을 거리두고 살펴보기보다는 오늘도 하루를 넘겼구나 안도하며 조금이라도 빨리 잠을 보충하는 게 더 중요하게 다가온다. 하지만 같이 숙소를 쓰거나 직장에서 만나게 되는 필리핀, 인도네시아, 말레이시아 등 이른바 '저발전 아시아 국가'들에서 온 자신과 같은 WP의 사람들이 '너는 잘사는 한국에서 태어났는데 왜 이런 일을 하고 있느냐?'라고 묻거나, 자신보다 영어를 잘하기에 직장 내에서 자신을 무시할 때면 자신이 무의식적으로 가져왔던 GDP 수준에 따른 '인종서열'과 '국가'에 대한 생각들이 흔들리고는 한다. 특히 '잘사는 한국'과 그 나라에서 태어난 '한국인'으로서의 자신은 더이상 동일선상에 놓여져 있지 않고, 자신이 '못사는 나라'에 '불쌍한 사람들'이라고 생각했던 사람들과 비슷한 위치에 있는 것은 아닐까 하는 생각이 들기도 하는 것이다. 하지만 반대로 '기껏해야 못사는 나라에서 왔으면서… 늬들이 한국에 왔어봐, 다 죽었어!' 하고는 자신의 '한국인'이라는 인종적 지위를 재강화시키기도 한다. 다시 말해 한국이란 사회가 자신이 그 집단에 더이상 속하지 못한 국가였다라는 것을 깨달으면서 동시에 '한국인'이라는 상상의 인종적 지위로 자신을 위치시키게 되는 것이다.

포주들

인류학적인 현지조사를 진행하다보면 대화를 나누는 과정은 단순히 연구대상/연구 참여자의 경험을 듣게 되는 것만이 아니라, 그 대화에 참여하고 있는 모든 사람들이 각자의 과정에서 굉장히 성찰적으로 되돌아보게 하는 순간들을 만들어준다.* 솔직히 고백하자면 나는 현지조사 초반부에는 '왜 이렇게 쉽게 속았을까?'하는 것과 '왜 그 순간에 빠져나가지 못했지? 왜 지금도 탈출하지 않는 거지?'라는 의심을 계속하곤 했었다. 하지만 지속적으로 다른 사례들을 만나면서 (심지어 직장에서 폭력을 당하는 경우도 있었다) 나는 일단 이 회로에 들어가는 순간 발을 빼는 것이 쉽지는 않다는 것을 점차 깨닫게 됐고, 내가 저 입장이었어도 쉽게 나오기가 힘들었을 것이라는 생각을 하게 됐다. 불평이 비판으로 이어지기보다는 결국에는 '내 능력 부족이자 내 책임'으로 이해하는 것이 일종의 아비투스였다. 특히 한국에서의 노동과 감정의 착취는, 싱가포르에서 (상대적으로 감정적 착취는 덜 하다고들 하지만) 당하게 되는 또 다른 형태의 착취들을 참아내는 훌륭한 밑거름이 되기도 했다. 시민이 되기보다는 소비자가 먼저 되었던 상황에서, 상품의 가치에 따라 값이 다르듯 자신의 상품 가치가 낮기 때문에 이러한 차별과 착취를 참아내는 것 또한 익숙한 일이었다. 한국을 떠난 이후부터 싱가포르에 도착하여 노동을 하기에 이르기까지 일련의 과정들은 현지에서 새로운 종류의 문제들을 더욱 잘 '이해'하고 '감내' 해낼 수 있도록 자신을 더욱 위태롭고 취약한 존재로 만드는 훌륭한 교육 과정이었다. 더군다나 이곳에서 '해외경력'과 '영어'라는 자원을 조금이라도 얻을 수 있지 않을까 하는 기대와 제대로 일을 하지 않고 도망가버렸다고 사람들이 생각하지 않을까 하는 불안은 이 상황을 계속해서 이어나가게 하는 원인이 되기도 한다. 물론 가장 확실하게 배운 것은 자신은 '을도 아니고 정도 아닌, 정말 아무것도 아니라는 것'이다.

이 연구를 위해 기꺼이 자신의 경험을 말해주었던 이들에게도 이 인

※ 이른바 성찰적 인류학에서 이와 관련된 깊은 논의들을 발견할 수 있는데, Ruth Behar, 『*The Vulnerable Observer*』(1997 Beacon Press)가 대표적인 저작이다.

터뷰는 자신의 현재를 다시금 되돌아보게 하는 과정이기도 했다. 인터뷰 도중 한 여성 청년은 "돌이켜 생각해보면 모두가 다 포주였던 것 같아요."라고 말했다. 국비지원을 한다며 해외 취업을 장려한 국가도 헐값에 자신을 처분해버린 것 같고, 자신이 비용을 지불했기에 자신을 보호해줄 거라고 믿었던 에이전시들도 사실은 싱가포르로 자신을 팔아 버린 것이었고, 그렇게 팔려와서 가장 하층의 노동을 가장 싼 임금을 받고 착취당하고 있는데, 심지어 그 임금에서 '알선 수수료'가 지속적으로 빠져나가는 상황까지 겪으니 자신이 포주에 둘러싸여 있는 것 같다는 것이다. 이 청년은 얼마 후 자신의 노동 계약이 싱가포르 국내법에 위반된다는 것을 찾아내고 이직을 준비하고 있었다. 에이전시 없이 스스로 구인 정보를 찾고 훨씬 더 좋은 조건의 자리로 지원을 한 후 소식을 기다리고 있다. 고용주와 에이전시가 계약서를 근거로 위약금을 물어내라고 하면 노동법에 위반되는 것을 보여줄 것이며, 잘 해결이 되지 않을 경우에는 싱가포르 정부 인적자원부에 신고를 할 예정이라고 했다. 그는 '포주'로부터 탈출을 기획하면서 또 다른 게임을 시작했다. 현재 WP의 신분에서 몇 년 안에 SP로 '신분 상승'을 하는 것이다.

현지조사를 진행하면서 정확한 통계는 아닐지라도 15퍼센트 정도의 사람만이 1년 이상 남고, 3년 이상 남게 되는 경우는 그보다 훨씬 떨어졌다. 어쨌든 대부분의 청년들은 1년 이내에 한국으로 되돌아가는 선택을 한다. 소수의 생존하는 케이스들은 이 모든 것을 자신의 잘못과 무능력으로 돌릴 수 있는 또 하나의 근거가 된다. 따라서 대부분 먼저 돌아간 이들은 '탈조선' 프로젝트에서조차도 탈락한, 어쩌면 훨씬 더 취약한 존재가 되어버린다. 탈조선이라는 청년 기획 또한 어쩌면 인적 자원과 경제적 자원을 갖추지 못한 이들이 앉을 자리가 없었던 열차였을지도 모른다. 이제 더이상 어디로부터 탈출해야 하는지조차 의문이 들지만, 사실 자신이 속했던 '사회'가 없었기 때문에 애초부터 탈출할 곳도 없었을지도 모른다.

05

이 지옥을 사라지게 할 마술

해방적 파국, 그 사회적 카타르시스의 시간

조한혜정_문화인류학자

서기 1948년 대한민국이라는 나라가 탄생한 해에 태어났다. 대한민국이라는 나라에서 무시당하지 않고 살았던 사람으로서, 이 나라가 나아갈 방향에 대해 계속 훈수를 둔 사람으로서 요즘 마음이, 그리고 몸도, 아프다. 시대를 고민하는 이들과 모여 난감함을 나누는 모임 덕에 그나마 버티고 있다. 대학을 은퇴한 지 3년째, 은퇴를 실감하지 못하고 있는 분주한 노인으로, 또 '헬조선' 사태에 일말의 책임을 느끼는 지식인으로, 이 연구에 가담했다. 청년 당사자가 아닌 사람이지만 그들과 부담 없이 이런 저런 간섭을 하면서 지낼 수 있었던 것은 내가 페미니스트이고 인류학자이며 여자이기 때문이 아닐까 싶다. 뭐 그런 분류가 구태여 필요할까 싶긴 하지만 말이다.

그런데 그 많던 똑똑한 여자 후배들, 그리고 제자들은 다 어디로 갔을까? 군대를 다녀온 일등 국민, 주요 생계부양자로 자부심을 키워가던 남자들은 여자들이 떠나도 잘 지내고 있었다. 정치에 열을 올리고 주식과 게임에 몰입하면서 떼로 떠나버린 여자들 욕도 하면서 그런대로 잘 지내나 했더니 이제는 아닌 모양이다. 명예도, 부도, 후손도 남기기 어렵게 된 세상에서 그들이 들썩거리기 시작했다.

해방적 파국, 그 사회적

카타르시스의 시간

'탈존'의

시간 속에서

저는 세상은 아무것도 모르는 20대 청년입니다. 하지만 여러분은, 세상은 우리에 대해 무엇을 아십니까? (…) 낙수효과 운운하며 반백 년을 지나왔지만 빈부격차는 늘어났습니다. 이제 몇십 년 후면 국민연금은 고갈된다지요. 출산율은 곤두박질치고 노인 인구는 늘어만 가는데 그들을 부양해야 할 우리들은 일자리조차 없습니다. (…) 저는 6·25도 겪지 못했고 구제금융 사태도 생경할 정도로 어립니다. 하지만 애국심이란, 국가에 대한 희생이란 강요될 수 있는 종류가 아니라는 것은 알고 있습니다. 국가가 정의롭고 약자를 보호하며 공평하다면 저는 맨몸으로 돌이라도 들고 내 나라를 지키려고 싸울 것입니다. 그러나 '내 나라' '우리의 나라'는 대체 어디서 찾아야 합니까? (…) 분명 여기는 북한처럼 불길이 타오르고 재와 먼지가 흩날리는 지옥은 아닙니다. 그러나 천천히, 그리고 차갑게 발목을 잡고 늪으로 끌어내리는 지옥입니다.[1]

잠시 청년들에게 물어주십시오. 줄줄이 늘어선 초록색 빈 병으로 어지럽혀진 대학가의 술집 취객에게, 외로움을 둘 공간조차 없이 비좁은 고시원의 세입자에게, 자정의 어둠을 몇 달째 지켜온 무표정한 아르바이트생에게, 이 나라에서 무엇을 원하는지 물어주십시오. 그들은 서슴없이 멸망을 입에 담을 것입니다. 감히 멸망을 말하지만 악의조차 감지되지 않는 평온한 목소리에 당신들은 경악해야 합니다. (…) 청년들은 더 이상 꿈을 꾸지 않으며, 불공평한 생존보다는 공평한 파멸을 바라기 시작했습니다. 우리는 국호를 망각한 백성들처럼 이 나라를 '헬조선'이라 부릅니다. (…) 이 나라는 꾸준히 성장하고 있지만, 대기업 매출액이 가파르게 증가하고 있을 뿐 기업소득과 개인소득의 격차는 점점 벌어져 OECD 최하위권에 머뭅니다. 오로지 기업만이 암세포처럼 무한히 자라는 나라에 우리는 살고 있습니다. 근본적인 질문을 던져봅니다. 국민소득이 30만 달러를 돌파하고, 세계 100대 기업 명단이 모두 대한민국으로 채워진들, 우리 각각의 삶이 나아지지 않는다면 어떤 의미가 있습니까? 아무도 살 수 없는 높다란 탑을 쌓아올린 뒤 먼발치에서 그 웅장한 풍채를 감상하는 게 이 나라 경제의 목표였습니까?[2]

최근 나는 이창훈, 손아람 등 청년들이 쓴 이와 같은 글을 접하면서 감탄을 금치 못한다. 다시 한국 청년들이 탁월한 현실 인식을 하기 시작한 모양이다. 독일의 사회학자 울리히 벡Ulrich Beck은 위험사회에 대한 나라별 인식도 조사에서 아시아의 20대가 자신들이 처한 환경에 대해 가장 높은 인식 수준을 보였다고 했다.[3] 동아시아 청년들이 처한 상황이 더 난감해서일까? 다른 나라보다 더 활발한 집단 지성의 장을 갖고 있기 때문일까?

돌이켜보면 한국에서 청년들의 선언문은 사회를 획기적으로 변화시키는 촉매가 되어왔다. "친애하는 고대 학생 제군! 한마디로 대학은 반항과 자유의 표상이다. 이제 질식할 듯한 기성독재의 최후적 발악은 바야흐로 전체 국민의 생명과 자유를 위협하고 있다. 그러기에 역사의 생생한 증언자적 사명을 띤 우리들 청년학도는 이 이상 역류하는 피의 분노를 억제할 수 없다."로 시작하는, 이승만 정권을 무너뜨린 1960년 고려대학교 '4·18 선언문'이 있었고, 1980년대에 역시, 주옥같은 무수한 선언문들을 내건 청년들이 20여 년에 걸친 군부독재를 종식시켰다.

20여 년 후, 최근 다시 청년들은 선언문을 내기 시작했다. 2010년, 청년 당사자들뿐 아니라 기성세대에도 커다란 성찰적 파장을 일으킨, 김예슬 학생의 "대학 자퇴선언문"에서 그녀는 말한다. "삶의 목적인 삶 그 자체를 지금 바로 살기 위해 나는 탈주하고 저항하련다. (…) 이제 내가 거부한 것들과의 다음 싸움을 앞에 두고 나는 말한다. 그래, '누가 더 강한지는 두고 볼 일이다.'" 그로부터 3년 후, 주현우 학생이 "안녕들 하십니까?"라는 제목으로 지금과 같은 사회에서 정말로 별 탈 없이 안녕한지 물으며 학교에 붙였던 대자보는, 이후 학교·학과·직업·계층을 넘어 수많은 시민들의 응답을 사회에 퍼뜨리는 계기가 되었다. 주현우 학생은 당시 자신의 세대에 대해 이렇게 말했다. "88만원 세대라 일컬어지는 우리들을 두고 세상은 가난도 모르고 자란 풍족한 세대, 정치도 경제도 세상물정도 모르는 세대라고들 합니다. 하지만 1997~98년 IMF 이후 영문도 모른 채 맞벌이로 빈 집을 지키고, 매해 수능을 전후하여 자살하는 적잖은 학생들에 대해 침묵하길, 무관심하길 강요받은 것이 우리 세대 아니었나요? 우리는 정치와 경제에 무관심한 것도, 모르는 것도 아닙니다. 단지 한 번이라도 그것들에 대해 스스로 고민하고 목소리내길 종용받지도 허락받지도 않았기에, 그렇게 살아도 별 탈 없으리라 믿어온 것뿐입니다."

청년들은 선언문만 쓰는 것이 아니라 거의 학파를 만드는 수준에서 활동을 하고 있다. 전통적인 혁명을 통한 체제 변혁이 힘들어진 상황에서 기발한 신조어를 만들어내고 영상물을 만들고 이론 작업을 하면서 자신들의 삶에 대해 대대적인 발언을 시작했다. 1990년대에 한국 청년들이 향유한 가요와 영화가 한류 열풍을 일으켰듯 2010년대에 터져나오는 '헬조선' 담론도 조만간 세계적 화두를 던지게 되지 않을까? 제국주의적 자본주의의 모순이 심각해진 19세기와 20세기 초에 청년들이 모여 마르크스 학파를, 프로이트 학파를, 또 아날학파를 만들었듯, 가부장제와 소비사회의 모순이 첨예해진 20세기에 페미니즘 학파와 버밍햄 문화연구, 그리고 이탈리아 자율주의 학파가 만들어졌듯, 최근 한국에서 일고 있는 헬조선 담론은 신자유주의와 테크노자본주의의 모순을 가장 빨리, 그리고 온몸으로 느끼고 있는 한국의 청년들이 만들어내는 실천적, 이론적 움직임이라고 나는 생각한다. OECD 가입국 중에서 노동시간이 가장 길고 수면 시간이 가장 짧은 나라, 아무리 노력을 해도 답이 없는 나라, 자살률이 가장 높고 출산율은 가장 낮은 나라에서, 나라를 떠나거나 아니면 남아서 '벌레'가 되는 선택만 있다고 느끼는 청년들이 본격적으로 말하기 시작한 것이다.

1978년에 이미 이반 일리치Ivan Illich는 『누가 나를 쓸모없게 만드는가』라는 책에서 플러그처럼 시장에 꽂혀 평생을 생존이라는 감옥에 갇혀 살게 될 현대인의 암울한 미래에 대해 경고한 바 있다.[4] 이어서 2004년, 지그문트 바우만Zygmunt Bauman은 이 논의를 발전시켜 기술 진보와 자동화로 모든 상품이 버려지듯 사람들도 제 역할을 잃은 채 초과 인구가 되어 버려질 것이라 예언했다.[5] 2016년 1월 18일 스위스 다보스포럼을 주관하는 세계경제포럼WEF은 '일자리의 미래' 보고서에서 "인공지능·로봇기술·생명과학 등이 주도하는 4차 산업혁명이 닥쳐 기존 직업의 상당수가 사라지고 기존에 없던 새 일자리가 만들어질 것"이라고 했다.[6] 5년 내 일자리 710만 개가 줄고 화이트칼라 직업군이 대폭 사라질 것이며, 로봇이 10년 안에 45퍼센트의 일을 대신할 것이라고 한다. 이런 추세로 가면 올해 초등학교에 입학하는 전세계 7세 어린이의 65퍼센트는 지금은 존재하지 않는 일을 하게 된다. 인간 대체 기술혁명으로 글로벌 경제체제를 유지한다는 방향에 대해서는 논란의 여지가 있지만 앞으로의 직업세계가 현재 우리가 알고 있는 것과는 아주 판이하게 다른 양태일 것임은 분명하다.

나는 한국 청년들이 패닉에 빠진 것은 일면 이렇게 직업이 급변하는 시대에 그 변화에 대해 아무도 제대로 된 대책을 세우지 않고 있음을 알아차렸기 때문이라고 생각한다. 생활을 유지할 직업이 급격히 사라지는 '무업사회', 모두를 고립시켜버린 '무연사회', 사람을 쓸모없는 존재로 만들어버리는 '무용사회'에서 탈존晩存*의 시간을 견뎌야 한다는 것을 감지한 청년들이 이제 대대적인 전환을 해내야 한다고 말하고 있다. 이 책에서 우리 연구팀은 청년문제는 단지 일자리 차원의 문제가 아닌 '삶'에 대한 문제임을 강조했다. 즉 이를 '청년의 문제'를 넘어, 한국 사회 기본 설계에 대한 문제로 바라봐야 한다는 것이다. 때문에 청년 담론을 대하는 방법론과 태도 역시 바뀌어야 했다. 우리는 이 연구에서 메시아적 해법 대신, '보호를 조직'하는 활동을 시작하자고 말하려 했다. 다행히 청년들 사이에서 그런 움직임이 일고 있고 중앙정부와 지방정부 차원에서도 청년들과 함께 이 시대적 난제를 풀어가보려는 시도가 이루어지고 있다. 이 장에서 나는 적대와 혐오를 넘어 보호가 조직될 수 있는 사회를 만들어가기 위해 필요한 역사적 인식과 구체적 해법에 대해 이야기해보려 한다.

국가와 가족만 있던
한국

헬조선 담론은 망해가는 대한민국 사회에 대한 청년들의 고발이다. 왜 하필 대한민국에 사는 청년들이 파국적 상황을 먼저 맞이하게 되었을까? 여기서 한국의 근대성에 대해 살펴볼 필요가 있다. 대한민국은 미국의 영향권에서 근대화를 추진했다. 한국이 고도성장기를 거친 후, 탐욕의 자본주의화로 인해 인류

---

* '탈존'이란 존재의 사회적, 생물학적, 정치적 여러 형식들로부터 벗어나는 것, '사라지는 것'을 꿈꾸는 마음의 지향을 뜻한다. 김홍중 「서바이벌, 생존주의, 그리고 청년 세대-마음의 사회학의 관점에서」, 『한국사회학』 제49집 1호, 179~212면.

최대 비극인 양차 세계대전을 치른 후 대대적인 성찰에 들어간 유럽 사회의 영향을 받기보다, 제국주의적 미소 냉전체제하에서 본격적인 근대화를 해갔다는 사실은 현재 한국의 사회·문화적 특성을 이해하는 데 매우 중요하다. 세계대전을 치르면서 자본주의와 제국주의의 모순을 뼈저리게 느낀 유럽은, 전쟁의 폐허로부터 스스로를 복구하는 동시에 수정자본주의의 길을 택하게 된다. 돈이 다가 아니라는 것, 국가가 악마가 될 수 있다는 것을 알아차린 북유럽 국민들은 경제 재건과 함께 근대에 대한 근본적 성찰 작업에 들어갔다. 이들은 침략과 방어를 위한 강력한 국가가 아닌, 국민/시민들의 삶을 윤택하게 하는 시민적 민주주의와 환대의 사회를 구현하고자 했다.

몇 년 전, 핀란드의 산골 마을에서 열린 록 콘서트 현장에 갔었는데 표가 아주 비싼 콘서트였다. 그런데 콘서트장 옆에는 커다란 모니터가 설치되었고 많은 사람들이 담요를 깔고 밖에서 무료로 공연을 즐기고 있었다. 공연을 보고 싶은 열혈 팬들이 공연을 성사시켰지만 이왕이면 다른 이들도 함께 곁불을 쬐며 축제를 즐길 수 있게 하는 시스템이었던 것이다. 이를 가능하게 한 것은 공연을 즐기기 위해서는 모두가 똑같이 고액의 입장료를 내야만 한다는 '강박적 공정함'에 대한 강요가 아니라, 그 고액을 지불할 능력이 없는 사람들도 함께 즐길 수 있다는 생각에 동의하는 '호혜적 평등주의'에 대한 감각일 것이다. 그리고 이것은 우정과 환대의 원리로 삶을 조직하는 사회 속에서 만들어졌을 것이다. 이런 호혜와 나눔의 감각이 있는 사회와 독점과 경쟁 원리로 삶을 조직하는 사회를 상상해보자. 자원이 급격하게 고갈되는 시대에 어떤 나라가 더 살아남을 확률이 높을지를 물어보면 답은 자명하다.

한국은 대단히 극적인 민주화의 역사를 갖고 있지만 한편 경쟁과 적대의 준전시 상황에서 태어났고 극단적인 경쟁을 바탕으로 기적/파행적인 경제성장을 이루어낸 역사를 갖고 있다. 남자들은 전쟁을 치르듯 수출산업 전사가 되어야 했고 여자들은 시민적 협력을 통해 풀어야 할 교육과 복지를 오로지 가족 단위로 고립된 채 도맡아야 했다. 모든 국민을 한 방향을 향해 그토록 열나게 달리게 한 것은 "개천에서 용 난다."는 믿음이었다. (입시)공부는 가족과 출세를 위한 노동이었고, 학교는 그 노동을 평가해주는 기관이었으며, 국민들은 "행복은 성적순"임을 믿어 의심치 않았다. 이때 국가의 가장 중요한 역할은 바로 성공을 위한 선발 제도, 곧 공평한 입시체제를 관리하는 것이었다. "개천에서 용이 날 수 있는" 기회균등만 확보된다면 다른 것은 별로 문제되지 않았다. 부모는 아이가 일류 학교에 진학하길, 한 줄 세우기 선발이 공평한 게임이길 바랄 뿐이었다.

한 줄 세우기 선발을 위한 학교에서 학생들은 협력보다는 경쟁심을 키웠다. 근대화 초기에는 시민적 환대를 강조한 학교들이 꽤 있었지만 그런 학교들은 점점 줄어들었다. 경쟁이 심해지면서 학교는 점점 더 선발을 위한 제도이자 군기를 잡는 곳이 되어갔다. 국민들은 경제적 여유가 생기면 다양한 사회문제들도 풀릴 것이라고 막연히 믿고 있었는지도 모른다. 실은 따라가는 것만으로도 숨 가쁜 나날이었을 것이다. 그래서 국가의 향방에 대한 질문은 접어둔 채 배제적 자유주의와 '위험'의 개인화·가족화로 일상의 문제를 덮어둔 채, 경제성장을 향해 무성찰적으로 질주했을 것이다. 서구가 만들어낸 자본주의와 제국주의 체제에 뒤늦게, 그것도 미소 패권주의가 기승을 부리던 냉전체제에 편입된 한국이 자체적으로 성찰적 시스템을 만든다는 것은 애초부터 역부족이었을 것이다. 학교가 폭력이 난무한 곳이어도 부모들은 변변하게 항의 한번 하지 않았으며 성적비관 등으로 학생이 자살을 해도 학교는 아무런 의례나 조치를 취하지 않았다. 교육제도에 불만을 가진 부모들은 학교를 바꾸려 하기보다 교육 이민을 가거나 기러기 가족이 되어 개별적으로 문제를 풀고자 했다. 그래서 1인당 GNP 2만 달러의 선진국이 된 지금도 학교는 폭력이 온존하는 경쟁의 시공간으로 남아 있다.

경제성장으로 치달았던 1차 근대 단계를 지나 2차 근대라 불리는 '위험사회'에 진입하면서 일상적 삶 자체가 흔들리고 있다.[7] 국민들은 탈락의 공포로 다시 입시 경쟁에 매달리기 시작했고 이 틈에 성장 신화를 들고 나온 신자유주의 정권은 모든 공적 자원을 국가화하면서 전권을 휘두르기 시작했다. GNP가 높아지고 문화수준이 높아지면 거대한 사업을 하기 힘들어진다. 그런데 시민적 공공성을 키워내지 못한 한국의 경우, 거대한 4대강 사업이 공공연히 벌어졌고 "국민 보호와 공공안전을 위한 테러 방지법안"의 이름으로 국민의 안전을 위협하는 법안이 만들어지고 있다. 시장 유토피아를 추구하는 집권층은 성장 신화를 교묘하게 이용하며 국민을 세대별, 진영별로 양분화시켜 분할 통치하면서 분열과 적대의 시공간을 만들어내고 있다. 한국은 여전히 경제지표상으로는 선진국의 지위를 유지하고 있지만 사실상 '선진국'이 아닌 '선망국 先亡國'이 되어가고 있는 것이다.

한국학자 박노자는 세계 13위 경제대국, 5위 수출대국, 그리고 세계 7위 군사력 보유국인 '열강' 대한민국에서 헬조선을 말하는 청년들을 보면서 한 세기 전 제정러시아 말기를 떠올린다. 당시 레닌은 제정러시아를 가리켜 "제국주의 세계의 가장 약한 고리"라고 불렀다. '열강'의 위치에 있으면서도 민중의 박탈감이 강하고 온갖 모순들이 매우 복잡하게 얽히고설킨 사회로서, 제정러시아는 실은 가장 내파되기 쉬운 나라였음을 레닌이 간파하고 있었다는 것이다.[8] 나는 박노자의 비유가 상당히 설득력이 있다고 생각한다. 실제로 현재의 한국 사회는 구한말의 상황과 흡사하다. 지도층은 무능하고 무책임하며, 국민들은 더이상 서로 의논하지 않는다. 각자 생존하느라 정신없이 분주해하면서 노동 사회와 입시교육 제도를 근본적으로 바꾸어야 하는 시점에 오히려 아이들을 입시중독체제로 몰아넣고 있다. 개개인의 차원에서 문제를 해결하고자 하는 것은 당장은 적합한 선택일 수 있지만, 전체로 보면 매우 부적합한 선택이다.

울리히 벡은 기후 변화와 2005년 카트리나 재난, 2011년 후쿠시마 재난을 당하면서 인류가 보여준 대대적인 성찰을 언급하며 이런 파국적 상황이 문명적 탈바꿈을 위한 해방적 파국이 될 수 있다고 말했다. 더 나빠질 수 없을 때, 죽기 아니면 살기라는 생각에 미칠 때, 인간은 거대한 전환을 해낼 수 있다는 믿음이다. 이러한 '사회적 카타르시스' 속에서 사회 구성원들이 대대적인 학습을 하게 된다는 것이다. 나는 헬조선 담론을 통해, 탈존 상황에 처한 청년들이 이와 같은 학습의 시공간을 열어가는 중이라고 믿고 있다. 지금도 치열하고 외롭게 사투를 벌이는 청년들이 적지 않다. 연구진 천주희가 지적한 것처럼 이들은 여전히 "내가 열심히 하지 않아서 버려졌다. 나 자신을 증명해보이고 싶다."며 국가에서 인정받는 유용한 존재가 되기 위해 뛰고 있다. 그러나 또한 그 질주가 무모한 질주임을 알아차려가고 있다. 경주마들은 자신들의 노력에 보답이 없으리라는 것을 알고 배신감을 느끼기 시작한 것이다.

세상을 날려버리고 싶은 청년들과 "자기 행복이 아닌 남의 불행을 원동력 삶아 하루하루 버티는"⁹ 한국이 싫어서 이민을 떠나는 청년들 사이에서 새로운 국민들이 탄생할까? 어릴 때부터 신자유주의적 훈련을 받은 '스펙 세대'는 창의적인 잉여질로 밤을 새웠던 '신세대'와 달리 '삽질'로 밤을 새운다. 그리고 지금 그 삽질이 보장해주는 것은 아무것도 없음을 간파하고 '금수저·흙수저' 계급론에 절절하게 공감하기 시작했다. 사교육 시장이 주도하는 입시판은 더이상 기회균등을 보장하지 않으며, 가족은 강박과 애증의 시공간이 되어가고 있다. 이제 자녀들을 기획 관리하느라 분주했던 엄마들은 선택의 기로에 섰다. 평생 자녀들을 캥거루처럼 데리고 먹여 살릴 것인가? 그럴 자신이 있는가? 아니면 더이상 개인적으로는 자녀들의 문제를 풀 수 없음을 깨닫고 자녀들의 편에 설 것인가?

'선망국'의 선택

이제는 청년문제를 중심으로 국민 모두가 현재의 총체적 파국 상황을 해방적 파국으로 바꾸어내기 위한 대대적인 학습에 들어가야 할 때이다. 나는 우선 청년들이 패닉에서 벗어나 스스로의 삶을 꾸려갈 수 있는 시간과 자원, 그리고 자치적 삶의 공간이 필요하다고 생각하는데 이를 위해 '청년 국민 배당제도'와 '청년 자치/협치 특구'를 마련할 것을 제안한다. 또한 곧 청년이 될 청소년들을 위해 '전환학년제'와 '갭이어gap year 제도'를 제대로 시행해보자고 말하려 한다.

이런 제도를 만들기 전에 유념할 점은 세대 간 소통의 문제이다. 고도 압축적 근대화 과정을 거친 사회에서 서로 다른 세대는 서로에게 이해하기 힘든 이물질이다. 얼마 전부터 정부에서는 사회적 기업 지원, 청년 공간이나 주거문제 등을 통해 청년들을 위한 해법을 내려는 노력을 기울여왔다. 하지만 이를 행정적 성과와 속도에 맞추어야 한다면, 사실상 어떤 성과도 기대하기는 힘들다. 청년들을 추상적인 청년 일반이 아닌 개개인 존재로서 볼 수 있어야 하며 그들의 속도, 그들의 방향을 존중해야 일이 풀릴 수 있다. 기본적으로 청년들이 성장해온 과정과 소통 방식, 그리고 삶 전체를 받아들이는 아비투스habitus가 기성세대와는 너무 다르기 때문에, 그 차이를 서로가 분명히 알고 시작해야 하는 것이다.

예를 들어보면 이렇다. 기성세대는 종종 청년들이 일자리가 있는데도 어려운 일을 기피해서 문제라며 비난해 왔는데, 사실 청년들은 다른 시대를 다르게 경험하면서 자랐다. 국가와 가족을 위해 길러진 국민이 있었고 시장을 위해 길러진 국민이 있었다면, 지금의 어린 국민들은 무엇을 위해 누구에 의해 길러지고 있는 걸까? "우리는 민족중흥의 역사적 사명을 띠고 이 땅에 태어났다."로 시작하는 국민교육헌장을 외우며 자란 세대와 서태지와 아이들의 '난 알아요'를 부르며 자란 세대, 그리고 기획사가 길러낸 아이돌 그룹을 소비하며 자란 세대는 너무 다르다. 이들은 '하면 된다'라고 말하는 자수성가한 산업화 세대와는 달리 '해도 안 되는 것'을 일찍부터 알아차린 세대이다. 게다가 부지런하고 기획력이 뛰어난 부모 세대의 과잉보호로 자기 앞가림도 제대로 하지 못하는 사람들이다. 대신 재미있는 삶, 세련된 문화적인 삶을 몰래 꿈꾸며 자란 세대이다. 영화계나 방송연예계의 일을 하면서 살고 싶어하는 이들은 개발독재 시대의 세대와 그 감수성과 몸의 자세까지도 다르다. 이들에게 강도 높은 노동과 멀티테스킹에 갑질 문화를 견뎌내라고 하는 것은 무리이다. 실은 이들은 자신이 잘할 수 없는 일을 하라는 사회를 보이콧하는 중이다. 2001년 이래 '초저출산' 사회가 된 한국 사회에서 청년들은 일만이 아니라 출산에서도 파업을 하고 있다.[10] 나는 이들을 한심해하면서 훈련시키려하기보다는 그들이 새로운 감각과 마음과 몸으로 새 문명을 만들 고치를 칠 수 있게 도와야 한다고 생각한다.

우리 연구진 내부에서 청년실업의 해법은 결국 군대문제에 걸려 있다는 논의가 나온 적이 있다. 실제로 냉전체제로부터의 근본적 전환을 이뤄내지 않으면 신기후체제로 돌입하기는 어려울 것이다. 2015년, 한국의 무기 수입은 9조 원으로 세계 1위였다.[11] 현 군사체제가 존속하는 한, 어린 국민의 성장과 사회의 성숙을 위해 쓰일 재정은 부족할 것이고 산업에 제대로 투자할 돈도 늘 부족할 것이다. 게다가 가장 상상력이 풍부하고 체력적으로 활달한 청년들을 시대에 뒤떨어진 훈육을 받게 묶어놓는 것은 얼마나 어리석은 일인가? 아주 많은 재난과 재앙이 벌어질 후기 근대를 살아가는 청년들은 그 부모 세대가 살아간 상황과는 매우 다른 의무와 책임을 질 존재들이다. 그런 면에서 군대 개혁이 절실하고, 나는 이때의 군대란 영토를 지키기 위한 살인 무기 중심의 국방이 아니라 '사회를 보호하는' 후기 근대적 국방의 의미를 가져야 한다고 생각한다. 그 공익의 임무에는 긴급한 재난 현장에 가서 문제 해결을 하는 일부터 노인과 아기를 돌보는 일까지 포함할 것이다. 그리고 이 의무는 남자만이 아니라 남녀 모두가 공히 져야 할 의무일 것이다.

지금은 청년들의 의무와 권리를 새롭게 규정할 때이다. 그런 근본적 논의가 일기를 기대하면서 아래에서 청년들이 자신의 능력을 한껏 발휘하면서 살아가는 것을 도울 몇 가지 구체적 제도를 제안하려고 한다. 신기후체제를 살아갈 청년들과 기성세대가 함께 머리를 맞대고 해내야 할 일들이다. 꿈같은 제안이라고 생각하는 이들도 적지 않겠지만 모든 새로운 사회는 꿈같은 제안에서 시작했다.

청년 스스로 삶을 꾸려갈
시간, 자원, 삶의 공간 만들기

푸코는 『사회를 보호해야 한다』에서 더이상 지속가능성이 없는 시장사회를 "소수를 살게 하고 다수를 죽게 내버려두는" 사회로 표현했다. 다시 사회를 소생시키려면 다수를 '살게 두는 let live' 상태를 만들어야 한다. 지금까지 청년들을 죽게 내버려두었다면, 이제 국가와 기성사회는 그들이 살아갈 수 있는 최소한의 안전망을 마련해야 한다. 적어도 그런 방향에 대한 합의를 이루어가야 한다. 이와 관련해서 청년 국민/시민 배당제도와 후기 근대적 협치의 시공간에 대해 이야기를 꺼내보려 한다.

청년 국민/시민 배당제도

이 책의 연구진들은 지금 다수의 청년들이 탈존의 상태를 살아가고 있다고 말한다. 부모의 지원 없이 하루하루를 버티면서 언제 벼랑 끝으로 굴러떨어질지 모르는 청년들이 나날이 늘어나고, 이른바 사회·경제적으로 아주 잘나가는 청년들도 실상은 비슷하게 화가 난 상태로 살아가고 있다고 지적한다. 잘나가는 부류가 분노에 차 있다는 현상, 학교 현장에서도 똑똑하고 잘나가는 학생들의 분노지수가 더 높고 대기업에서 높은 연봉을 받는 청년들이 더 심하게 탈존의 공포를 느끼고 있다는 현상은 주목을 요한다. 똑똑한 이들조차 답이 없으며 특히 기존의 해법으로는 문제가 해결될 수 없는 것이다. 경제가 성장해도, 돈이 많아져도 일자리는 늘 불안할 것이어서 대안을 찾아야 하는데, 대안이 보이지 않는다. 나는 일단 기성세대는 그들에게 지구환경을 망친 사실부터 그들의 허락 없이 국가 부채를 안겨주는 것, 어릴 때부터 입시 경쟁체제에 몰아넣은 것에 이르기까지 사과해야 한다고 생각한다. 그리고 이런 박탈적 상황의 청년들에게, 지속가능한 삶을 같이 만들어보자는 의미에서라도 선물이 주어져야 한다고 생각한다. 특히 인류가 살아남기 위한 첫 번째 능력인 협력과 환대의 힘을 키워주지 못한 것을 미안해하면서 말이다.

연구진은 무엇보다 청년들에게 시간을 벌어주어야 한다고 말한다. 공부에 중독된 몸을 풀 시간과 스스로 숨 쉴 수 있는 공간을 가질 수 있어야 하고 자신들의 무업/무용/무연 상태를 놓고 함께 동료들과 이야기할 공간이 필요하다는 것이다. 연구진 이영롱은 이 세대가 '대안'이란 오직 경제적 자본이 있을 때만 가능한 것이라고 믿게 되어버린 것이 문제라고 말한다. 대안을 찾아 떠나는 사람들에 대해 '돈이나 벌어둔 게 있으니 가능하지' '딸린 가족이 없으니 할 수 있는 것이지'라는 청년들의 언급 속에서 물질만을 최고의 '믿는 구석'으로 여기는 인식을 엿보게 된다는 것이다. 실은 가장 큰 '믿을 구석'은 돈이 아닌 동료/관계라는 사회적 안전망인데 말이다. 청년들에게 마음의 여유가 생겨야 친구도 맺고 동료들과 좀 다른 삶을 상상하고 실험하는 공간들도 만들어질 수 있다는 것이다.

청년문제가 개인의 '노오력'으로 풀릴 문제가 아니라면, 공동의 노력으로 풀어나갈 토대를 마련해야 한다. 3포니 5포니 N포니 하는 수많은 포기 속에서 일을 포기하고 '사회'를 포기하게 된 한국 청년들이 생존의 공포에서 벗어날 최소한의 자원과 사회적 보호 장치가 있어야 하는 것이다. 당장 모든 청년들에게 기본 생존이 가능한 쌈짓돈을 줄 수 없다면 적어도 사회적 해법에 대한 신뢰를 가질 수 있을 정치적 메시지로서 청년 시민 배당에 대한 논의가 본격적으로 시작되어야 하고, 더 늦기 전에 실험적인 시행에 들어가야 한다.

여기서 내가 말하는 청년 배당은 기본소득 개념에 근거한 제도로서 도구적 계산과 무관한 호혜적 '선물' 개념의 제도이다.[*] 기본소득은 가난한 국민들을 위한 복지 비용이 아니다. 사회의 방향을 전환하기 위한 비용이다. 이 책에서 인터뷰한 청년들이 수시로 암시하는 삶, 곧 남을 해치지

---

[*] 위키백과에 기본소득에 대한 정의가 잘 정리되어 있다. "프랑스의 경제학자 앙드레 고르는 『경제이성비판』에서 한 사회의 생산력은 점진적으로 발전하고, 갈수록 같은 양을 생산하기 위해 더 적은 양의 노동이 요구되므로, 노동의 대가로 주어지는 노동 비례 소득을 유지하는 것은 합리적이지 못하여 사회 구성원들의 삶을 지탱할 수 없다고 적었다. 그는 대안으로 사회의 모든 개인에게 조건 없이 지급하는 소득을 주장했다. 기본소득은 조건 없이 지급된다는 점에서 기존의 사회보장과 다르다. 가구 단위가 아니라 개인 단위로 지급되며, 노동 요구나 노동 의사와 무관하게, 자산이나 다른 소득의 심사 없이 보장되는 기본적인 소득이다. 따라서 기본소득제는 흔히, 한 국가 내에서 재원을 어디서 확보할 것이냐, 사람들이 돈 받고 일 안하면 어떡할 것인가, 정치적으로 실현가능한가, 복지개념으로 볼 것인가, 사회주의의 이념선상에서 파악할 것인가 하는 평상적인 질문을 유발한다. 그러나 소득에 대한 자본주의 시대의 판단체계를 통해 기본소득제의 개념을 이해하지 말고 사회에 대한 완벽히 새로운 시각을 통해야 한다는 사실을 강조하는 경향이 있다." 기본소득 관련해서 최근 하승수 녹색당 공동위원장은 기본소득제도를 강하게 제안하면서 다음과 같이 말한다. "기업이나 개인이 버는 소득에도 사회 공동체의 몫이 있다. 노벨경제학상을 받은 허버트 사이먼은 개인이 버는 소득의 90퍼센트는 그 사회공동체가 가진 공통의 자산 덕분이라고 말했다. 따라서 법인이나 개인의 소득도 세금의 형태로 일정 몫을 거둬들여 사회공동체 구성원 모두에게 배분하는 일은 당연하다." 하승수 「국민소득 4만 달러 대신 월 40만 원 기본소득을!」, 『숨통이 트인다』, 포도밭출판사 2015, 115면 참조.

않는 일을 하면서 살 비용이고 더 나아가 좋은 일들이 벌어질 가능성을 높이는 비용이다. 사회가 잘못된 방향으로 가고 있음을 알면서도 그 엔진을 가속화시키는 일에 가담하지 않아도 되게 할 비용, 사회가 나아갈 방향을 제대로 잡아갈 시간을 벌 비용이라는 말이다. 구태여 갑질을 당하면서 적대와 혐오의 몸을 만들지 않아도 되고, 구태여 높은 소비생활을 유지하느라 부모 눈치를 보면서 부모 곁에 빌붙어 살지 않아도 되며, 구태여 노답 상황에서 발버둥을 치다가 탈존하지 않게 하는 비용이다.

청년에게 시민수당이 주어진다면, 독립은 어렵더라도 생존의 위협을 느끼는 것에서 멀어질 수 있다. 일정한 아르바이트를 하면서 친구들과 함께 삶을 꾸려갈 수 있다면 부모로부터의 독립도 생각해볼 수 있다. 앞으로 보다 많은 노동을 로봇이 대체할 것이라면 더더욱 청년들이 새로운 삶과 일을 탐색하고 개척할 시공간이 필요하다. 나는 3년 전 베를린에 들렀을 때 두 청년이 직접 만든 자전거 인력거를 관광지에 세워두고 라디오를 듣고 책을 읽으며 봄날을 즐기는 것을 보았다. 아직 사회가 건강함을 유지하고 있는 북유럽 국가에 가면 큰 소비를 하지 않고 친구들과 집을 공유하며 살아가는 청년들이 적지 않다. 스스로 쓸모 있는 일을 하고, 서로에게 쓸모 있는 관계를 맺어가면서 나름 시대적 전환을 하고 있는 그들의 모습을 부럽게 바라본 기억이 있다. 그간 국민 사이에서 호혜성을 높이려 노력한 국가들은 기본소득제도에 대한 합의를 이루어내기가 용이하겠지만 한국처럼 적대적이고 경쟁적인 사회, 특히 "일하지 않으면 먹지도 말라."는 노동중심 사회에서 쉽게 설득할 이슈는 아닐 것이다.

일전에 택시에서 기사(택시 기사는 대중적 여론에 대한 나름의 감을 가지고 있다)와 기본소득에 대해 이야기를 하게 되었는데 그분은 돈 있는 이들에게 왜 돈을 주어야 하느냐고, 그리고 많은 사람들이 돈을 받게 되면 일을 하지 않을 거라면서 기본소득에 적극 반대했다. 그래서 나는 돈 있는 사람은 하루에 그 돈을 다 써버릴 수 있지만 소비를 하면 경기가 활성화되지 않겠냐고 말했다. 지금은 '경기 활성화'라는 단어가 마술적 단어가 되었기에, 이 말에 그는 상당히 납득이 된 것 같았다. 또 돈을 열심히 벌고 싶은 사람은 그 돈을 저축하면서 더욱 신이 나서 일할 것이고 그 돈으로 도박을 할 사람은 어차피 할 사람이니 우리가 염려할 부분은 아닐 것 같다고 말했다. 기본적으로 그 돈은 생존에 대한 불안을 없애줄 것이기에 사회 전반의 분위기가 밝아질 거란 이야기와, 그렇게 생긴 종잣돈으로 주민들이 새로운 시도를 하게 되어 삶이 크게 향상된 아프리카 남아공의 현금지급식 사회부조에 대해서도 이야기해드렸다.[12] 조건 없는 기본소득제도를 시행하면 그간 외국 사례를 체계 없이 빌리면서 주먹구구식으로 만들어진 복지제도를 정리할 수도 있고 복지를 선심 공약으로 이용하는 일도, 수완이 좋은 사람들이 복지 기금을 가로챌 위험도 없어질 것이라고 말했다. 그래서 공무원 수를 줄이게 되면 세금도 줄어들고 무엇보다 사회를 좋게 만들려는 공공적 시민들이 늘어나게 되면서 우리 사회도 스스로 질서를 잡아가는 '선진국'이 될 수 있다고 말했다. 그는 공공적 시민에 대한 이야기에는 의아해했지만 대부분의 말에 상당히 설득당한 듯했다.

핀란드, 네덜란드와 스위스, 영국, 프랑스, 미국, 캐나다 등 세계 곳곳에서 '기본소득' 논의가 활발하다.[13] 최근 미국의 한 벤처 기업가는 기본소득제도를 위한 연구 지원을 발표했다.[14] 모두에게 일정한 소득을 지급하자는 것은 노력하지 말고 게으르게 살아도 된다는 주장이 아니다. '가치'에 기반한 사회적 관계를 회복하려는 새로운 집합적 노력이다. 삶을 파괴하는 '노오력'을 멈추고, 새로운 사회적 '가치'를 생산하기 위한 '노력'이 절실하다.

나는 '헬조선'을 말하는 현 한국 사회에서 본격적으로 시작되어야 하는 기본소득제도 논의와 실험적 실행을 극심한 고용 불안과 불안정 노동에 시달리는 청년 세대에서부터 단계적으로 하면 좋다고 생각한다. 실제로 2015년부터 이재명 성남 시장과 경제학자 강남훈 교수팀은 공유재와 기본소득 개념을 바탕으로 청년 배당제도를 시범적으로 시행하기 시작했다.[15] 일단 성남시에 일정 기간 거주한 연령대(19~24세) 청년들에게 매 분기 일정액의 배당을 지역에서 유통되는 지역화폐 형태로 지급하기로 했는데 그 지급의 근거는 주민 모두가 "그 지역의 토지, 환경 및 인적 물적 사회적 자연적 공유자산으로부터 발생하는 수익의 일정 부분을 가질 권리"를 갖는다는 전제에서 출발한다.[16]

강남훈 교수는 이 제도를 청년에서부터 시작하는 이유에 대해, 생애주기별로 볼 때 한국 사회에서 청년 복지가 가장 미흡하고 특히 폭등한 부동산 가격과 연금제도 등에서 청년들의 불이익이 가중되고 있기 때문이라고 했다. 한국에서는 80퍼센트의 청소년이 대학에 진학하고 있지만 대다수가 대학 입학 때부터 아르바이트를 해야 하며, 이들에게 미래를 준비할 학습 시간이 절대적으로 부족한 현실을 주요하게 감안했다는 것이다.

이 제도의 의의는 장래를 준비할 청년들에게 단순한 돈이 아니라 시간이라는 자원을 주는 데 있다. 선진국에서는 청년들에게 일정한 기본 복지와 함께 학생 수당을 지급하고 있는데다 등록금이 싸고 교육의 질이 높은데 비해, 한국은 비싼 교육비를 내면서 사실상 미래직업을 위한 교육이나 훈련을 거의 받지 못하고 있는 실정을 강조하면서 강남훈 교수는 청년배당의 목적을 학습의 기회균등, 세대 간 형평성, 미래를 만들어갈 인재 육성, 글로벌 경쟁력 강화, 그리고 안전성 제고 등 다섯 가지 차원에서 고려한다. 가족 배경과 상관없이 모든 청년들이 동등한 자아실현의 기회를 가질 수 있도록 경제활동 시간을 최소화하고 지식기반사회로의 성숙한 이행을 위해 투자하는 것, 그리고 기술진보와 경제성장 추구로 인해 증가하는 다양한 리스크를 줄이는 차원에서 청년들에게 일정한 소득보장을 하겠다는 것이다. 강남훈 교수는 기본소득은 정의로운 경제, 지속가능한 경제뿐만 아니라 복지의 비효율을 극복할 효율적인 경제를 위해서라도 조속하게 실현해야 할 제도임을 강조하고 있다.

이런 지자체의 실험만이 아니라 실제로 이런 삶을 미리 살고 있는 자생적 청년 동네도 생겨나고 있다. 강남에서 '카페오공'을 운영하다가 자연스럽게 모여 살게 된 청년들은 '우동사(우리동네 사람들)'라는 이름으로 서울 근교 검암에 둥지를 틀었다. 이들은 서울에서는 조금 멀지만 교통이 좋은 깔끔한 연립주택 동네를 선택하여 각자 월 25만 원씩을 내며 방 3개에 다락이 있는 집을 공유한다. 집은 협동조합 방식으로 구입하여 구성원들이 내는 월세로 대출을 상환하는 식이다. 다시 말해 떠돌아다니거나 건물주의 눈치를 보지 않아도 되고, 집주인으로서 공동체가 지역에 뿌리내리는 데 유용한 구조이자 주거 안전망을 구축하는 데 도움이 되는 방식인 것이다.

우동사의 청년들은 이곳에서 주거 걱정 없이 각자 일을 하면서 '따로 또 같이' 어우러져 지낸다. 최근에는 이런 방식의 삶을 체험해보고 싶은 이들이 와서 석 달간 머물 수 있는 집도 한 채 마련했다. 지금은 집이 다섯 채인데 앞으로 20가구만 되면 백 명이 넘는 주민들이 가깝게 사는 동네를 이루게 된다. 핵심 멤버는 20대 후반에서 서른을 넘긴 청년들인데 대기업에서 일하다가 답이 없다는 것을 알아차린 Q, 사회복지사로 일하다가 몸이 완전 망가져버린 Z, 중국에서 연예기획을 하다가 일단 쉬고 있는 A, 그리고 아예 그렇게 열심히 일하는 것 자체가 체질이 아닌 F와 같은 청년들이다. 이들은 처음에는 '빈둥'거릴 수 있는 강남의 카페 공간에서 쉬엄쉬엄 일하고 공부하고 놀다가 더 많은 시간을 함께 보내는 삶을 살게 되었으며 이곳에 와서 지내면서 숨을 제대로 쉬게 되었고 건강도 되찾았다. '관계'가 있는 삶을 살게 되면서 소비를 덜 하게 되었고 그렇게 '애쓰지 않아도' 잘 사는 삶을 다시 알아가고 있다. 바쁜 직장 일을 하는 이도 있고, 오전에 맛있고 건강한 김밥 장사로 한 달에 60만 원만 벌고 나머지는 빈둥거리는 이도 있고 아이들을 가르치는 일, 빵 만드는 일, 텃밭과 농사일, 사람들이 만나서 인연을 맺어가는 새로운 카페 주인장 일을 하기도 한다. 중요한 것은 자기 시간을 가질 수 있고 정말 해보고 싶은 일도 보이기 시작했으며, 같이 일할 동료도 찾게 되어 미래가 불안하지 않다는 점이다.

최근에는 구성원들이 결혼을 하고 출산을 하게 되면서 공동육아 이야기도 나오고 있다. 이들은 월 60~70만 원으로도 잘 지낼 수 있다고 말한다. 또한 체험을 통해 같이 살 수 있는 몸이 되고 기본소득이 보장되면 아주 좋은 일들이 많이 생길 것이고 사회는 더욱 좋아질 것이라고 장담한다. 어지간한 공산물은 동네 가게에서 사고 싱싱한 야채는 텃밭에서 직접 키우고 여분의 야채는 지인들에게 혹은 주말 농부 시장판을 통해 팔 수도 있다. 주민이 더 많아지면 동네 술집 곁에 리사이클 코너를 운영할 것이며 두어 명이 모여서 국수집을 차려서 일정한 수입을 가지면서 자기가 하고 싶은 공부를 계속하고 새로운 벤처를 만들어낼 수도 있다. 대부분의 상거래는 단골 가게를 통해 이루어지기에 대형마트에 갈 필요도 없고, 소비하기 위해 특히 사교육비를 벌기 위해 돈을 벌지 않아도 될 것이다. 오히려 아이와 눈을 맞추고 마음을 맞출 시간을 갖게 되어서 '정신' 없는 아이로 클 위험성은 없을 것이다. 기본소득제도를 통해 사람들이 불안하지 않게 되면, 그래서 삼삼오오 모여 살게 되면, 소비의 노예가 되지 않아도 되고 건강한 미래를 만들 여유도 갖게 된다는 것이 우동사 구성원들의 생각이다. 같이 지내게 되면서 자연스럽게 '삼포 세대'를 벗어나게 되는 것이다.

청년 시민 배당제도는 단순한 노동정의나 재분배의 차원을 넘어서는 제도이다. 기본적으로 청년 시민 배당제도는 '보호'가 조직될 수 있는 신뢰를 회복하는 첫걸음이며 청년들이 이 사회적 해법에 대해 신뢰를 가지게 된다면 그 값어치는 돈으로 매길 수 없는 효과를 거둘 것이다. 선물을 받은 청년들은 그 몇 배의 선물을 후대에게 줄 것이기 때문이다. 나는 기본소득제도에 대해 국민들의 합의가 이루어져서 이 제도가 제대로 시행될 수 있다면, 그래서 우리사회에 만연한 적대의 총량을 줄이고 환대의 총량을 늘여갈 수 있다면 현재의 파국적 상황을 모면할 수 있을 것이라 믿고 있다. 이 냉소와 적대, 혐오의 감정이 실은 우리 사회의 가장 심각한 문제가 아닌가? 게다가 최근에 NHK에서는 『노후 파산: 장수의 악몽』이라는 책을 펴냈다.[17] 이 책은 2014년 방송된 NHK 스페셜 「노인표류사회 - '노후 파산'의 현실」 제작팀이 당시 취재 기록을 책으로 낸 것으로 장수가 악몽이 되는 시대를 적나라하게 보여주고 있다. 그래서 청년만이 아니라 노후 파산 시대를 대비하기 위해서도 본격적으로 기본소득 논의가 시작되어야 할 때이다. 그러니 이제 논의의 장을 활짝 열고, 재정학자와 경제학자들이 본격적인 계산 작업에 들어가도 좋지 않을까 싶다.

자치/협치적 삶의 공간 만들기

헬조선 담론은 작게는 청년실업 상태에 대한 고발이지만 크게는 망해가는 인류 시간대와 접해 있다. 프란치스코 교황은 취임 직후 "시장의 절대적 자율성과 금융투기를 옹호하는 이데올로기"로 인한 새로운 형태의 독재를 언급하면서, 무모한 성장논리로 세상을 파괴하는 행위를 중단하라고 촉구했다. 교황은 현재의 세계적 상황을 두고 '3차 세계 대전'을 치르고 있는 중이라는 표현을 썼는데, 한국은 3차 대전을 치르는 국가 중에서도 매우 힘든 전쟁을 치르고 있다. 나는 청년들이 이런 이중 위험사회를 극복하기 위한 대대적인 실험을, 그들의 자치적 삶의 공간과 공통재의 복원을 통해 시도해볼 수 있기를 바란다. 안토니오 네그리Antonio Negri와 마이클 하트Michael Hardt는 자치와 협의적 시공간의 중요성을 '공통체commonwealth' 개념으로 풀이하며, 지난 수 세기 동안 재산을 관리하던 정치형식이었던 공화국republic은 더이상 유효하지 않고, 다중들의 삶정치를 새롭게 일구어갈 공통체의 구축이 필요함을 역설해왔다.* 또한 제임스 퀼리건James Quilligan 은 위기의 삶을 회복해내기 위해서, 시민들에 의한 협치가 국가에 의한 관리보다 훨씬 많은 성과를 낸다는 인식을

---

* 공통재와 공통체에 관련된 주요한 책은 다음을 참조하라. 안토니오 네그리·마이클 하트 『공통체』, 정남영·윤영광 옮김, 사월의 책 2014.

다시금 뿌리내려야 함을 강조한다.*

청년들은 사회적 책임감과 존재감을 갖기 힘든 위기의 상황에서 미끌어지고 있기 때문에 일정한 존재감을 가질 수 있는 계기가 중요하다. 자치와 협치의 시공간은 청년들이 "쓸모"에 대한 개념을 전환해낼 중요한 계기가 될 수 있을 것이다. 1990년대 일본의 프리터나 한국의 자칭 열정노동자나 잉여들은 스스로 쓸모를 만들어내고자 했던 청년들이다. 그때 '적게' 일하려는 이 청년들로 하여금 새로운 노동과 일의 세계를 열어가게 했다면 경제적으로나 사회적으로 우리 사회는 한결 좋아졌을 것이다. 오타쿠 역시 국가와 시장에 쓸모 있는 사람이 되기 이전에 스스로 쓸모 있는 사람이 되었던 경우이다. 그러나 기성사회나 시장은 그들의 몸짓을 읽어내지 못했다. 나는 청년들의 자치적 공간이 '사회'가 되살려지는 곳이 되길 바란다. 이때 사회란 세 명 이상의 사람들이 모여 상호작용하는 시공간이다. 그 활동은 공식적이거나 제도적이지 않지만 곧 시민적 공공성과 국가적 공공성을 만들어낼 바탕이 될 것이다. 이 연구에서 청년들이 '심정적 난민'이 되었다고 말하고 있는데 나는 청년들이 앞으로 모여서 시민적 공공성을 만들고 난민적 공생성을 살려가면 된다고 생각한다. 어울려 몰려다니고, 서로에게 폐도 좀 끼치면서 지내고, 함께

---

* 제임스 퀼리건은 "신자유주의 체제에서 '공적'이라는 말이 더이상 사회 생태적 요구를 표현하는 공동체적 활동이 아니라 국민이 통제권을 넘겨준 중앙관리 능력을 의미하게 된다."면서 그 지점에서 혼돈을 일으키지 않기 위해 공통재와 공공재를 구분하자고 말한다. 또한 신자유주의 국가의 정치 관련 엘리트들은 식량, 물, 공기만이 아니라 지식과 문화, 공동체적 유대와 사회적 기술을 시장 자원으로 전환하는 상품으로 간주하고 재생가능하거나 자기 생산적인 사회적 자원을 보지 못한다고 하면서 신자유주의 독트린 아래서는 점점 더 자발적이고 창의적인 주민들이 새로운 삶의 시도가 어려워질 것이라고 경고했다. 제임스 퀼리건「왜 공통재와 공공재를 구별해야 하는가」, 은혜 옮김, http://imirreducible.tistory.com/186.

밥을 먹다보면 훌륭한 요리도 할 수 있게 되며, 두런두런 이야기를 나누다 기발한 생각들이 쏟아져나오는 그런 시공간과 관계망 속에서 살아가야 한다고 생각한다. 입시 공부에 매여 어린 시절을 보낸 청년들은 더 늦기 전에 그런 호혜적 관계를 맺어가는 연습을 해야 하고 이 비용은 국가가 내야 한다. 즐겁게 '잉여질' 하는 이들이 많을수록 그 사회의 생존력이 높아질 것이기 때문이다. 더구나 이 청년들은 경제가 성장하는 시대가 아니라 재난이 일상화된 위험사회를 살아내야 한다. 위험과 불확실성은 현대사회 자체에 내재한 문제이기 때문에 근대적인 방식으로 풀어내기 어렵다. 그래서 더욱 청년들은 유연성과 회복탄력성을 키워낼 활발한 사회 속에서 살아가야 한다. 나는 청년들이 신나게 모여서 '헬조선'에 '헤븐마을'을 만들어낼 수 있기를 기대한다.

1990년대부터 청년들의 해방구이자 놀이터, 일터, 삶터인 시공간이 꾸준히 만들어지고 있었다. 2000년대 중반부터는 서울 용산구 해방촌의 '빈집'이라거나 앞서 언급한 '우동사' 등 자치 공동체 실험을 하고 있는 사례들이 있어왔고, 진안이나 제주도 등으로 내려가서 스스로 공통재를 만들고 살아가는 이들도 생겨났다. 이들의 움직임이 최근 거센 '젠트리피케이션' 폭풍으로 주춤해지고 있지만 그렇기 때문에 더욱 이런 활동이 위축되지 않도록 시민들, 그리고 국가와 지방정부가 나서서 자치와 협치의 실험 공간을 마련해가야 한다. 재난과 재앙이 체계적으로 일어나는 위험사회에서는 시민들의 협치가 핵심적 생존 자원이다.

몇 해 전부터 서울시에서 하고 있는 마을 공동체와 재생에너지, 그리고 협동조합 활동을 지원하는 혁신파크도 이런 일을 해낼 훌륭한 사이트가 될 수 있다. 최근에 로스쿨 도입으로 침체를 겪고 있다는 신림동 고시촌 같은 곳도 세계적으로 신선한 청년들의 해방구가 될 수 있을 것이다.* 고시촌은 한 명이 잘 수 있는 싼 방과 공동의 강의실과 독서실, 싸고 맛있는 집밥을 먹을 수 있는 식당과 찻집들이 즐비한 곳이다. 이 동네에 지구를 살리기 위한 청년들이 모여서 신기후체제의 '전환마을'을 이루어간다면 어떨까? 경제성장기에 신분상승의 지름길인 사법고시를 준비하던 지역이 신기후체제의 지속가능한 삶을 위한 실험, 글로벌 협상과 협치를 해낼 미래 지도자들의 고향이 된다면 아주 멋질 것이다.** 이런 시공간이 제대로 만들어지려면 민과 관이 장기적인 전망에서 상호 협조하고 배우는 과정을 거쳐야 하며, 특히 국가주의와 가족주의를 벗어난 글로벌한 시각과 시민적 공공의 개념을 익혀가야 한다.

경쟁과 적대의 교육에서,
만남의 시공간을 짓는 교육으로

현재 한국 사회의 모순 상황의 핵심에는 초경쟁 입시교육이 있다. 부모의 불안을 조장하는 사교육

---

* 2008년 로스쿨이 도입되고 2017년으로 예정된 사법시험 폐지일이 가까워지면서 최근까지 사법고시 준비생들의 메카였던 신림동에서 지난 3~4년 동안 1만 명이 빠져나갔다고 한다. 양대근·김진원 「마지막 사법시험 D-3 ①: 1만 고시생 떠난 신림동, 빈자리엔 가난한 공시족, 외국인 유학생」, 『헤럴드경제』 2016년 2월 24일자 참조. 벌써 신림동 고시촌에서 '셰어하우스'와 같은 새로운 바람이 불기 시작했다는 소식도 들린다. 이선민 「인터뷰 서울 청년을 만나다 ②_사회적 기업 선랩건축사사무소 현승헌 소장. "청년들의 공간 공유, 사람 사는 맛을 더합니다.",」『서울 사랑』 2016월 2월호.
** 전환마을 운동은 기후변화와 경기침체의 상황에서 좀더 지속가능하고 회복탄력성을 가진 삶의 방식을 만들자는 커뮤니티 운동으로 2006년 영국 토트니스 마을에서 시작되었다. 청년들의 주도로 이루어진 이 운동은 현재 유럽뿐만 아니라 일본 등지에서도 활발하게 이루어지고 있다.

시장과 모[이] 중심 가족주의는 한국 사회를 돈은 많지만 시간적, 문화적으로는 늘 쫓기는 사회로 만들어왔다. 그러나 다행히 20년 전부터 대안교육 움직임이 일었고 최근에는 민과 관이 만나서 교육 전환을 해보려는 시도들이 이루어지고 있다. 아래에서 갭 이어 제도와 전환학년제를 예로 들면서 청년문제 해결을 위해서는 교육과 가족문제를 풀어내야 함을 다시 한번 강조하고자 한다.

갭 이어 제도

청년문제 해결은 한 줄 세우기 입시교육을 바꾸지 않고는 불가능하다. 제도교육을 빨리 바꾸어야 하는데, 그것이 시간이 걸린다면 전환기를 제도화하는 방법이 있다. 앞서 논의한 청년 협치의 장이 제대로 실현되려면 아동기부터 많은 친구를 사귀고, 의논하면서 스스로 삶의 장을 꾸려가는 경험이 중요하다. 그간 아이들의 주도성을 입시체제로 한정시키고 그 안에서 맴돌게 한 삶의 장에서 벗어날 수 있어야 한다.

그것의 한 방안으로 나는 스무 살이 되는 모든 청년들이 여행을 떠나는 갭 이어 제도를 제안하고 싶다. 갭 이어는 1960년대 영국에서 시작한 것으로 학교를 떠나 마음껏 인생의 모험을 하게 하려는 제도이다. 고등학교를 졸업하고 대학을 가기 전에 원하는 여행이나 경험을 통해 자신에 대한 이해와 사회에 대한 통찰력을 높이고, 미래를 탐구하는 시간을 가지게 하는 것이 목적이다. 청년들을 위한 일종의 탐구와 실험을 위한 연구년이자 기존 체제로부터 벗어날 시간을 주는 안식년 제도라고 할 수 있다. 최근 들어 미국에서도 대학생들이 이 제도를 활용하기 시작했고, 북유럽 국가에서는 훈련 수당, 실업급여, 활동 급여, 최저임금과 소득

반환 등 다양한 명목으로 청년들이 삶을 풍성하게 경험할 수 있도록 지원하고 있다. 올해 교환학생으로 스웨덴에 간 제자는 유모차를 끌며 아이를 달래는 스웨덴 아버지들의 모습에 감동을 받았고 특히 사소한 부분에서도 누군가를 배제하기보다 포용하고 존중하는 태도를 보면서 자신이 얼마나 배제와 혐오에 익숙해졌는지 느끼게 되었다는 편지를 보내왔다. 용산에서 '빈집'과 '빈 가게' 운동을 벌인 지음 부부는 1년 동안 유럽무전여행을 하면서 그곳의 시민들이 보여준 환대에 감동해서 자신들도 돌아와서 그런 환대의 공간을 열었다.

1980년대 학번은 어릴 때 골목에서 친구들과 놀았고 우정의 힘에 대해 알고 있으면 동네 아주머니와 형들의 환대를 받아본 기억이 있다. 1990년대 학번은 스스로도 당시의 잘나가는 분위기와 기성세대(특히 도서관 사서나 논술 교사)와 국가의 기대어린 시선을 통해 일정한 혜택을 받았다고 생각하는 경우다. 하지만 긴축과 바쁜 스케줄, 게다가 왕따의 분위기에서 살아남은 이들이 환대의 시공간을 만들어갈 수는 없을 것이다. 신자유주의 압력이 심해지면서, 청년들은 '이 길 아니면 절벽'이란 이분법 안에서 한눈을 팔지 못했다. 연구진 이영롱은 어려울 때 '여기가 절벽은 아니다'라는 생각이 들게 하는 것은 옆에서 붙들어줄 사람, 뭔가 같이 해 볼 사람, 서로 기대면서 '적어도 죽지는 않을 것'이라고 생각하게 하는 사람들인데, 이 세대는 그런 관계를 맺어본 경험이 별로 없는 것이 우려스럽다고 전했다. 그래서 더욱 이들에게 숨 가쁘게 달리지 않고 잠시 쉴 한 해의 시간과, 자신이 무엇을 박탈당했는지, 무엇을 열심히 보충해야 하는지를 알아갈 여행비를 선물해야 한다고 생각한다. 특히 나는 그들이 여행을 통해 지구상에 해로운 일을 하는 국가들과 반대로 공통재를 유지하는 데 성공한 국가들은 어디이며, 환대와 우정을 만들어 내고 있는 사회는 어딘지를 분별할 수 있는 경험을 통해 좋은 나라를 만들어갈 국민이, 동시에 글로벌 시민권을 제대로 행사할 수 있는 지구인이 되기를 기대한다.

　스무 살이 되는 1년을 오롯이 자신이 기획하고 준비한 여행으로 보내는 경험은, 타성에 젖은 몸과 마음을 바꾸어내게 할 것이다. 이 여행은 세계시민으로 다양한 사람들을 만나는 경험으로서도 중요하지만, 기 센 부모 세대로부터 벗어날 수 있다는 의미에서도 중요하다. 끊임없이 자신을 관리하려는 어른들 곁에 있으면 그들의 눈치를 보면서 계속 반응해야 하기에reactive, 창의적이고 적극적인proactive 존재가 되기 어렵고 오히려 우울증에 걸리기 쉽다. 나는 이 세대가 자신이 이 세상에 태어난 존재 이유를 마음껏 실현할 수 있으려면 장기간 집을 떠날 수 있어야 한다고 생각한다. 엄마가 유일한 '의미 있는 타자'였으며 그외 고마운 인연을 맺은 적이 없는 사람은 불행할 뿐 아니라 자생력이 없다. 청년들을 어릴 때부터 입시체제로 몰아넣어 급변하는 시대를 살아갈 능력과 힘을 키우지 못하게 한 것, 대학생이 되어서 한정된 자리를 놓고 경쟁하는 삶으로 인생의 소중한 시기를 낭비하게 한 것을 미안해하는 마음으로, 이 땅의 모든 스무 살에게 앞으로 만들어갈 세상을 탐사할 여행비를 주자. 점점 더 부모와 궁합이 맞지 않는다는 청년들이 늘어나고 있는데 이 여행제도는 그 아이디어 자체로 많은 청년들을 우울증에서부터 해방되게 할 것이다. 이 조건 없는 '선물' 역시, 받고서 되돌려주지 않아도 된다. 부모가 자녀에게 내리사랑을 하듯 대대로 내려가면 될 것이다. 이 선물을 받고 고양된 자부심을 갖게 된 청년들은 언젠가 그 선물을 후배들에게 돌려줄 수 있는 삶을 살아가려고 노력할 것이고 그 노력 자체로 이미 충분한 보상은 이루어진 것이다. 마침 한국에서는 현 대통령이 청년문제의 시급성을 인식하고 청년 펀드를 마련하고 있다. 이 갭 이어 제도가 이 펀드를 유용하게 사용할 매우 적합한 사업이 아닐까 싶다.

전환학년제

중학교 3학년을 졸업하고서 갖는 전환학년제도 청년문제를 해결할 계기가 될 수 있다. 전환학년제는 경쟁교육의 폐해를 절감한 아일랜드에서 실시해서 크게 효과를 본 모델이다. 이를 본떠 최근 교육부는, 중학교 2학년 한 학기를 시험 없이 다니는, '자유학기제'를 올해(2016년)부터 전면 실시하기로 했다. 그러나 아직 학생들이 마음 놓고 학습을 할 우정과 환대의 학습공간이 별로 없기에, 이 제도가 큰 성과를 내리라고 기대하기는 어렵다. 고등학교에서 과열되는 입시 경쟁을 감안해 중학교 2학년 한 학기만 실시한다는 점에서 이 제도가 본래 취지대로 가기 어려운 미봉책이라는 생각도 하게 한다. 이보다 좀더 전면적으로 시도되는 제도는 서울시 교육청에서 '오디세이'라는 이름으로 시행하는 전환학년제이다. 입시 위주의 중학교를 마친 뒤 고등학교 1년을 학교 밖에 만들어진 시민적 학습공간에서 지내면서 제대로 성장하는 것을 경험하게 하자는 취지에서 이루어지는 프로그램이다.

작년 처음 시행한 전환학년제에 참여한 학생들은 오디세이 학교를 '안전한 피난처'라고 표현했다고 한다. 1990년대에는 용기 있게 학교를 뛰쳐나오는 아이들도 있었고 그래서 시민사회와 학부모들이 대안학교들을 만들기도 했지만 지금은 그런 여유 자원도, 여유 있는 시민도 줄어들었다. 아이들이 매우 쫄아 있는 편이다. 내가 관여하는 자율공간이자 놀이공간인 '하자센터'에도 방과 후에 중학생들이 오는데 예전에는 뭔가 하고 싶은 열망을 가진 학생들이 왔지만 지금은 "쉬러 왔다"고 말한다. 스트레스를 받는 삶에서 잠시 쉬러왔다면서 별명도 '환자'라고 짓고 대놓고 환자놀이를 하려고 한다. 그리고 1년 후에 엄마와의 약속대로 다시 학원을 다니기로 했다며 사라진다. 많은 '보통 아이'들은 지금 감옥에 갇혀 있고 그곳에서 나올 엄두도 못 내고 있다. 마치 성공적인 회사원이 사회에 대한 적대감이 높듯 오히려 상위권 학생들이 학교에 대한 불만이 더 높은 경향도 나타나고 있다.

나는 긴 시간을 학교와 보이지 않는 압력 속에서 결승전이 모호한 경주마로 달리는 학생들에게, 국가와 부모와 사회는 이제 거짓말을 그만하고 마음 놓고 쉴 시공간을 주어야 한다고 생각한다. 중학교를 졸업하면 집 근처 마을 카페나 공원, 생활협동조합이나 공방 등 다양한 활동이 벌어지는 학습 생태계에서 원하는 것을 하면서 쉬고 놀고 배우는 1년을 보낼 수 있어야 한다고 생각한다. 그런 것이 아직 없으면 그냥 1년을 정상적 호흡을 하면서 쉬면서 친구를 사귈 수 있으면 된다. 그래서 '생각을 하는 사회적 존재'가 되는 길에 접어들어야 한다고 생각한다.

내가 여기서 말하는 '전환'을 위한 공간이란 특별한 어떤 것이 아니다. 고레에다 히로카즈是枝裕和 감독의 「진짜로 일어날지도 몰라, 기적」에 나오는 그런 마을을 말한다. 우연한 만남들을 통해 삶이 이루어지는 시공간이다. 날마다 술에 취해 밤늦게 돌아오는 록 밴드 멤버 아버지의 앨범이 잘 팔리기를 간절히 바라는 아이, 동생과 엄마와 아버지가 다시 합쳐서 살기만을 애타게 바라는 형, 죽은 고양이를 차마 놓아주지 못하는 친구 곁에서 고양이를 묻어줄 마음을 생기게 하는 아이, 바로 이런 애틋한 마음이 만나 서로를 살리는 그런 곳이다. 제도적 삶은 망가졌지만 삶은 지속되어야 하고, 아이들은 서로 어울리며 '사회'를 만들어내는 일을 계속한다. 기적이 일어나기를 함께 비는 것, 그래서 기적은 일어날 수 없다는 것을 알아차리더라도 이들은 친구와 동료를 갖고 있고 경험과 기억을 공유한다. 나는 갭 이어와 전환학년제가 그런 만남이 가능한 시공간일 수 있다고 생각한다. 이미 무책임의 체제가 되어버린 어딘가에 청원하고 매달리기보다, 붕괴된 학교를 고발하고 해체된 가족을 원망하기보다, 서로를 존중하는 것, 마음으로 만나고 의논하며 공생적 삶을 살아내는 것이 어떤 것인지를 알아가면 되는 것이다. '존중의 경험'과 '사회적 유대감을 쌓을 수 있는 동료를 만드는 경험'이 전환학년제의 핵심이 될 것이다. 국가 인정과 국가 인증에 매달리는 것이 아니라, 소비자와 복지의 대상으로 대접받는 것이 아니라, 사람들이 의논을 해서 자체 기준을 만들어내는 것, 호혜의 세상을 만들어가는 신뢰 관계를 넓히는 것, 함께 의논하고 협력해서 예기치 않은 위기 상황을 돌파해내는 것, 바로 이런 것들이 복합적인 위험사회를 살아갈 세대가 키워야 할 자질이다.

그냥 그렇게
둘러앉는 것

앞의 제안들이 황망하게 들린다고 생각하는 이들이 적지 않을 것이다. 그러나 나는 헌 시대가 가고 새 시대가 오는 지금은 다시 청년들이 활약해야 할 시대이고 그들이 자신들이 살아낼 삶을 스스로 준비해야 한다고 생각한다. 그리고 국가는 그들 몫을 돌려주어야 한다. 그래서 이들이 사람을 쓸모없는 존재로 만드는 테크노자본주의로 향하는 시스템을 간파하고 "과학기술을 어떤 목적을 위해 사용할 것인지를 누가 결정하는가?" "인간 생명을 인공적으로 만듦으로써 자연과의 마지막 끈을 끊는 것을 누가 결정하는가?"라는 질문을 할 수 있게 해야 한다. 임금님이 발가벗었다고 말할 수 있어야 하는 것이다. "경제는 절대 법칙이 아니라 복잡한 관계의 망일 뿐"이기에 경제를 경제의 자리에 돌려놓는 일을 해야 한다.[18] 국왕이 죽고 새 왕이 오지 않은 공백기, 정치와 권력이 분리된 인터레그넘interregnum의 상태는 혼란스럽지만[19] 어떤 실체나 본질을 상정하기보다 존재 자체가 긍정되는 삶 정치의 장이 열릴 때이기도 하다. 그리고 이것은 고독 속에서 얻어지는 것이 아니라 자신의 삶과 인격을 공공영역의 모험에 투신할 때 얻어질 수 있는 것이다.[20]

오랫동안 경쟁과 적대의 몸으로 살아야 했던, 공공의 모험이 무엇인지 감을 찾기 어려웠던 한국의 청년과 선배들이 모여 기적적인 삶의 전환을 이루어낼 수 있기를 소망한다. '헬조선'과 '헬지구'의 암울함을 누구보다 절절하게 감지하고 있기에 기적을 만들어내는 여정을 시작할 수 있지 않을까? 시장적 국가권력에 포섭된 삶은 두려움을 낳는다. 그 두려움에서 벗어나 공생하는 것을 익히면서 전지구적 협의를 해낼 인식론적이고 정치적인 방안을 찾아내주면 좋겠다. 지구의 모든 생명체들이 갖고 있는 생득적 권리를 인정하면서 지역 공통재를 조직하고, 문명적 탈바꿈을 향한 '카타르시스적 학습'의 시공간을 활짝 열어가주면 좋겠다.

아, 이 요구가 유토피아의 꿈을 버리지 못하는 근대 지식인의 욕망이

나 자녀를 포기하지 못하는 엄마의 욕망으로 전해지지 않기를! 흔히들 인류의 진화는 불의 사용에서 시작되었다고 말하지만, 나는 단순한 불의 사용이 아니라 불을 둘러싸고 옹기종기 앉은 것 자체에서 인류의 역사는 시작되었다고 생각한다. 모든 것이 무너지는 듯한 지금, 지금은 그냥 그렇게 둘러앉아 같이 숨 쉬고 쳐다보며 살아주기만 하면 된다. 그러다 보면 지옥은 사라질 것이니까. 청년 시민 배당제도와 자치/협치의 시공간을 선물하는 것, 아니 그런 것에 대한 논의 자체가 지옥을 사라지게 할 마술을 부릴 것이라고 나는 믿고 싶다.

감사의 글

이 책 『노오력의 배신』은 2013년 2월 음력설 연휴 기간에 일어난 아파트 층간 소음 살인사건의 충격에서 태어난 것이라 할 수 있다. 그 사건을 통해 분노를 조절하지 못하는 사람들 사이에서 도시민의 삶이 점점 위축되어가고 있음을 충격적으로 접하게 되었다. 그 후 2014년 12월, '위험사회와 전환도시, 그리고 마을'이라는 주제로 서울 혁신파크 크리에이티브 랩에서 고민을 나누는 모임이 있었다. 그리고 2015년 4월, 서울연구원과 하자센터(공식명: 서울시립청소년직업체험센터)가 미래세대를 위한 조사연구 협력 업무계약을 했다. 오랫동안 청(소)년 문화를 둘러싼 다양한 이론적, 실천적 활동을 해온 하자센터 조한혜정 센터장과 성장이 불가능한 시대의 페다고지를 화두로 『단속사회』『교사도 학교가 두렵다』 등의 책을 쓴 엄기호가 연구 책임을 맡았고, 최은주·이충한·양기민·강정석이 연구원으로 합류했다.

이영롱, 나일등, 천주희, 이규호가 책 집필 작업에 함께한 것은 연구진에게 행운이었다. 뒤늦게 합류했지만 우리가 하려는 것을 한눈에 알아차리고, 현장의 상황을 직접 듣고 기록·정리해 이 책의 가치를 한층 높여주었다. 연구에 꼭 필요한 부분을 집필한 그들의 확장적 촉각에 찬사를 보내고 싶다. 그만큼 고민이 깊었고 또 수시로 심도 깊은 글을 써온 터라 가능했을 것이다. 포럼을 준비하고 참석자들을 챙기고 활동 기록을 남기는 일을 맡았던 연구 조교 황은교에게도 감사한다. 그의 세심함과 느긋함 덕분에 연구모임은 늘 화기애애했다.

이 연구는 서울연구원의 지원에 의해 가능했다. 무엇보다 청년 담론의 기운이 사그라지기 전에 책을 내자고 독촉한 서울연구원 김수현 원장에게 고마움을 전하고 싶다. 시대의 문제를 함께 고민하면서 해결책은 절망을 인지하는 데서 나오는 것이라고 만날 때마다 말했건만, 이참에 바버라 에런라이크Babara Ehrenreich의 『긍정의 배신』을 읽으라고 강조했건만 그는 비감한 얼굴을 한 적이 없다. 실은 그의 긍정적인 에너지가 우리에게 필요했던 건지도 모른다. 연구 초반부터 자상하게 전 과정을 지켜보고 함께해준 라도삼 서울연구원 도시사회연구실장과 이원영 예산팀 실장에게 감사한다.

서울시 청년허브 서민정 센터장도 우리의 고마운 분 리스트에 들어있다. 청년허브가 명실공히 동아시아의 청년허브가 되기를 바란다. 그리고 서울을 청년 친화적인 도시로 만들어보려고 노력하는 박원순 시장과 전효관 혁신기획관도 빼놓을 수 없는 분들이다. 청년들을 위한 자치/협치 공간을 마련하고 협동조합과 사회적 기업과 마을 공동체를 지원하며 청년활동수당제도를 시행해보려는 야심찬 시도들이 아직 큰 성과를 내고 있지는 못하지만 뿌린 씨앗들이 언젠가 열매를 맺을 것이다. 이 책이 이미 그런 작은 열매 중 하나가 아닌가!

끝으로 기꺼이 책 출간을 해주기로 한 출판사 창비와 탁월한 편집 감각을 보여준 윤동희 편집자에게 감사한다. 오래 오래 훌륭한 책을 내주기를!

아래 연구 과정에 함께해주신 분들에게도 감사를 드린다. 그 외 일일이 열거할 수 없을 만큼 많은 분에게 신세를 졌다. 이 글에서 미처 언급하지 못한 모든 분들께 양해를 구하며, 그분들 모두에게 감사를 드린다.

이 책이 나오기까지 걸어온 길

그리고 함께한 사람들

오프닝 1차 포럼 '각자도생 사회의 감정의 구조'

일시: 2015. 4. 22.

장소: 청년허브 세미나실

조한혜정(연세대 문화인류학과 명예교수)_각자도생의 위험사회

김홍중(서울대 사회학과 교수)_서바이벌, 생존주의와 마음의 과격화

서민정(서울시 청년허브 센터장)_청년세대 불안과 생존조건

이윤정(KBS PD)_인구쇼크 청년이 사라진다

오프닝 2차 포럼 '한국 청년들의 감정의 시공간 연구'

일시: 2015. 4. 29.

장소: 청년허브 세미나실

김학준(아르스프락시아 연구원)_일베를 통해 본 청년들의 적대

엄기호(문화학자)_생존주의를 넘어서

오프닝 3차 포럼 '저성장 사회의 청년 문화연구 Ⅰ'

일시: 2015. 5. 20.

장소: 하자센터 마을서당 103호

모현주(노스캐롤라이나대 인류학과 박사 수료)_잉여 청년 문화와 시간성의 문제

이충한(전 '유유자적 살롱' 공동대표)_무중력 시대 시간성과 삶의 서사

오프닝 4차 포럼 '저성장 사회의 청년 문화연구 Ⅱ'

일시: 2015. 5. 27.

장소: 하자센터 신관 203호

우승현(연세대 문화학협동과정 석사)_아일랜드 워킹홀리데이와 어학연수를 떠난 청년들

이민영(서울대 문화인류학과 박사 수료)_인도요가 수련여행을 떠난 청년들

조문영(연세대 문화인류학과 교수)_글로벌 빈곤의 퇴마사들

제7회 서울청소년 창의서밋 개막식 기조강연

일시: 2015. 9. 18.

장소: 하자센터 신관 4층 하하허허홀

엄기호(문화학자)_교육의 불가능성, 배움의 가능성

구마시로 도루(정신과 의사,『로스트 제너레이션 심리학』 저자)_자아 과잉의 저성장 사회와 인간의 성숙

제7회 서울청소년 창의서밋 현장포럼 '교실현장기술지: SNS를 타고 흐르는 혐오와 적대'

일시: 2015. 9. 19.

장소: 하자센터 신관 203호

정태윤(중등교사)_우리는 왜 일베를 공부하려고 하는가?

이종명(고려대 언론학과 박사 수료), 조종완(연세대 문화학협동과정 석사과정)_'평등한 병신, 혐오할 권리'의 세상과 소년들

김환희(교육공동체 벗)_생존과 권력에 민감한 아이들과 어떻게 즐겁게 배우며 지낼 것인가?

토론: 김학준(아르스프락시아 연구원), 혜원(교육공동체 벗), 김현주(중등교사), 조한혜정(문화인류학자)

비공개 헬조선 학회

일시: 2015. 10. 3~4.

장소: 하자센터 마을서당

김주원(출판편집자), 김영(롯데호텔 해고 노동자), 김학준(아르스프락시아 연구원), 나일등(도쿄대 특임연구원), 양승훈(대기업 재직), 오수람(청어람 ARMC 편집장), 이승환(『프프ㅅㅅ』 편집장), 인수진(전 방송작가), 안병희(IT업계 퇴사), 장현동(용접공), 최태섭(『잉여사회』 저자), 혜원(교육공동체 벗), 황재용(영업직 퇴사)

일시: 2013. 10. 14.

장소: 홍대 인근

일시: 2013. 8.~현재

강정석「'난민'이 된 한국 청년」,『시사인』제429호

최은주「언제까지 '노오력'해야 할까」,『시사인』제430호

양기민「''존중의 원체험' 있어야 '벌레 공화국' 벗어난다」,『시사인』제431호

이충한「저렇게 살기 싫은데 방법이 없다」,『시사인』제432호

고태경(소셜벤처 팀스퀘어), 권지은, 기은환(OO은대학), 김광민(대학생), 김상민(하자센터), 김세중(하자센터), 김소담, 김유진(점프), 김주온(기본소득청 '소'년네트워크), 김주원(출판편집자), 김지빈, 나정훈(노숙모임), 도레미(소셜벤처 팀스퀘어), 도리(OO은대학), 민지은(하자센터), 박두헌(지식순환협동조합), 박범기(문화사회연구소), 박상현(서울마을공동체지원센터), 박이현(대학생), 박현(대학원생), 배재훈(연구자), 배진수, 서한영교(하자센터), 성한경(출판편집자), 소우(문화기획자), 손민정(교육기획자), 신도연(대학원생), 신재윤(대학원생), 안성은(전시기획자), 양준영, 오명하(하자센

터), 우승현(연구자), 우지안(대학생), 유자(사경 뉴딜매니저, OO은대학), 윤미소(문화기획자), 이상준(카피라이터), 이수희(대학원생), 이정빈(대학생), 이정진(다시마필름), 이종명(대학원생), 이희애(지식순환협동조합), 인수진(하자센터), 임수아(지식순환협동조합), 임홍순(대학원생), 정가영(대학원생), 정태영(대학원생), 정효정(하자센터), 조소담(미디어 종사자), 조종완(대학원생), 조준희(안단테리딩), 하루(서울마을공동체지원센터), 한윤형(자유기고가), 홍지애(MYSC), 황성원(대학원생), fish kim(야뮤ENT), ting(사회적기업 몽땅).

00 왜 한국만 조용한가, 아니, 난리인가?

지금 청년의 삶을 지배하는 것은 무엇인가

1 김홍중 「서바이벌, 생존주의, 그리고 청년 세대: 마음의 사회학의 관점에서」, 『한국 사회학』 제49집 1호, 179~212면.

2 박권일 「왜 분노하는 대신 혐오하는가」, 『한겨레』 2016년 2월 12일자.

3 미스핏츠 『청년, 난민 되다』, 코난북스 2015.

01 무너지는 근대의 신화

'노오력'이 삶을 보호할 수 있을까?

1 박은하 「헬조선에 태어나 노오오오오오력이 필요해」, 『경향신문』 2015년 9월 5일자.

2 성숙경 「대한제국기 '게으른 조선인' 담론과 근대적 노동자 만들기」, 『한국사학보』 제31호, 177~203면.

3 서울대학교 사회발전연구소 「제3장 한국의 고등교육 팽창과 교육 불평등」, 『압축 성장의 고고학: 사회조사로 본 한국 사회의 변화, 1965~2015』, 한울 2015.

4 곽지섭 「제3공화국의 고등교육정책과 국가주의 대학관의 형성」, 건국대 사학과 석 사학위논문(2015).

5 조한혜정·엄기호 외 『비진학 청소년 실태조사연구』, 서울특별시 여성가족정책실

2014.

6   지그문트 바우만『새로운 빈곤』, 이수영 옮김, 천지인 2010.

7   두산백과(doopedia)‘자아실현’항목(http://terms.naver.com/entry.nhn?docId
    =1185789&cid=40942&categoryId=31531).

8   네이버캐스트/문학광장/베스트셀러 30년/2005년 베스트셀러(http://navercast.
    naver.com/contents.nhn?rid=68&contents_id=2094&leafId=68).

9   엄기호『이것은 왜 청춘이 아니란 말인가』, 푸른숲 2010.

10 김건희「베스트셀러 10년 변천사, 신자유주의 지고‘울림’주는 책 뜨고』,『신동아』
    2015년 11월호.

11 안용성「작년 1인당 근로 2285시간… OECD 국가 중 최고』,『세계일보』2015년
    11월 29일자.

12 박영균『노동가치』, 책세상 2009.

13 엄기호「노오력, 노력의 배신자」,『경향신문』2015년 9월 21일자.

14 박영균,『노동가치』, 책세상 2009.

직접 듣다:‘노오력’비용

1   김소연·곽정수「청년실업률 12.5%…역대 최고치‘비명’」,『한겨레』2016년 3월 16
    일자.

2 『고용형태별근로실태조사 보고서』, 고용노동부 2014. 17면.

3   후쿠시마 미노리『조용한 전환』, 교육공동체 벗 2015.

4   김판「학생이 학생에게‘희망’을 빌려줍니다… 한양대생들‘키다리은행’운영」,
    『국민일보』2016년 2월 1일자.

02 노답 사회

사회로부터 멀어지는 청년들

1   Patrick Emmenegger 외『이중화의 시대』, 한국노동연구원 2012.

직접 듣다: 민호 씨의 3년 후

1 이효상·김서영 「저는 10년차 '사축'입니다」, 『경향신문』 2016년 1월 19일자.

2 손아람 「망국(亡國)선언문」, 『경향신문』 온라인판 2015년 12월 31일자.

3 「청년 망국선언문」, 팟캐스트 '노유진의 정치까페' 86편(2부)

03 벌레가 되는 삶

모두가 '벌레'가 되어가고 있다

1 Giorgio Agamben, *The Open: Man and Animal*(Stanford: Stanford University Press, 2004), p. 80.

2 아즈마 히로키 『동물화하는 포스트모던』, 이은미 옮김, 문학동네 2007.

3 같은 책, 117~21면에서 재인용.

4 이토 마모루 『정동의 힘』, 김미정 옮김, 갈무리 2016.

5 빠올로 비르노 『다중』, 김상운 옮김, 갈무리 2004.

6 맛떼오 파스퀴넬리 『동물혼』, 서창현 옮김, 갈무리 2013, 63면.

7 미셸 세르 『기식자』, 김웅권 옮김, 동문선 2002.

8 윤보라 「김치녀와 벌거벗은 임금님들: 온라인 공간의 여성 혐오」, 윤보라·임옥희·정희진·시우·루인·나라 『여성 혐오가 어쨌다구?』, 현실문화 2015.

9 赤木智弘 『若者を見殺しにする国』, 朝日新聞出版 2007, 110면.

10 다카하라 모토아키 『한중일 인터넷 세대가 서로 미워하는 진짜 이유』, 정호석 옮김, 삼인 2007.

04 심정적 난민의 탄생

왜 한국을 버릴 결심을 했을까?

1 「한국 떠나고 싶다… 젊은층 '헬조선' 증후군」, JTBC '뉴스룸' 2015년 9월 17일자.

2 강지남 「"나아진다는 희망 없다 '脫한국'이 답이다」, 『신동아』 2015년 10월 24일자.

3 김미향 「한 용접공의 노력이 '19년 관행' 바꿨다」, 『한겨레』 2015년 9월 2일자.

4 미셸 푸코 『사회를 보호해야 한다』, 박정자 옮김, 동문선 1998, 279면.

5 사토 요시유키 『신자유주의와 권력』, 김상운 옮김, 후마니타스 2014, 71면.

6 조르조 아감벤 『호모 사케르』, 박진우 옮김, 새물결 2008, 45면.

7 같은 책, 231~32면.

직접 듣다: 탈조선하거나 대한민국을 텅텅 비우거나

1 이규호 『청년실업시대, 대학생들의 불안과 인적자본의 기획 그리고 글로벌 교육
   산업에 대한 연구: 말레이시아 유학 사례를 중심으로』, 연세대학교 석사학위 논문
   (2006)

2 「이민 110주년… 전세계 176개국 726만명 거주」, 『KTV』 국민뉴스 2013년 10월 4
   일자.

3 김현미 『우리는 모두 집을 떠난다』, 돌베개 2014.

4 Kim, Eleana. *Adopted Territory: Transnational Korean Adoptees and the
   Politics of Belonging* Duke University Press 2010.

5 「朴대통령 "한국에 청년이 텅텅 빌 정도로 해달라"」, 『연합뉴스』 2015년 3월 19일자.

6 폴 윌리스 『학교와 계급재생산』, 김찬호·이영훈 옮김, 이매진 2004.

7 Allison, Anne. *Precarious Japan*. Duke University Press 2013. p. 43.

8 Min, Sung Kil, Suh, Shin-Young, Song, Ki-Jun. "Symptoms to Use for
   Diagnostic Criteria of Hwa-Byung, an Anger Syndrome." *Psychatry Investig.*
   6(1).

9 Giroux, Henry and Anthony Penna. "Social Education in the Classroom: The
   Dynamics of the Hidden Curriculum" in *The Hidden Curriculum and Moral
   Education*. Ed. Giroux, Henry and David Purpel(McCutchan Publishing
   Corporation 1983)

10 Freeman, Caren. *Making and Faking Kinship: Marriage and Labor
   Migration between China and South Korea*. Cornell University Press 2011;
   Harion, Yan. *New Masters, New Servants: Migration, Development, and
   Women Workers in China*. Duke University Press 2008; Constable, Nicole.

Maid to Order in Hong Kong: Stories of Migrant Workers (2nd Edition). Cornell University Press 2007.

11 「싱가포르, 물가 비싼 도시 1위…서울 첫 10위 진입」, 『이데일리』 2015년 3월 3일자.

05 이 지옥을 사라지게 할 마술

해방적 파국, 그 사회적 카타르시스의 시간

1 이창훈 「당신들은 아무것도 모릅니다」, 『한겨레』 2016년 1월 7일자.

2 손아람 「망국(亡國)선언문」, 『경향신문』 온라인판 2015년 12월 31일자.

3 이길용 「위험사회 탈바꿈 이뤄낼 20대」, 『고대신문』 2014년 7월 21일자.

4 이반 일리치 『누가 나를 쓸모없게 만드는가』, 허택 옮김, 느린 걸음 2014.

5 지그문트 바우만 『쓰레기가 되는 삶들』, 정일준 옮김, 새물결 2008.

6 백민정 「전 세계 7세 아이들, 65%는 지금 없는 직업 가질 것」, 『중앙일보』 2016년 1월 20일자.

7 울리히 벡 「해방적 파국, 기후 변화와 위험사회에 던지는 함의」, 서울 국제학술대회(2014.7.8.) 발표 논문.

8 박노자 「'헬조선'에서 민란이 일어나지 않는 이유」, 『한겨레』 2015년 9월 30일자.

9 장강명 『한국이 싫어서』, 민음사 2015.

10 안호균 「지난 해 출산율 1.24, OECD 최저수준」, 『뉴시스』 2016년 2월 24일자.

11 유용원 「작년 9兆 … '무기 수입' 세계 1위 코리아」, 『조선일보』 2015년 12월 28일자.

12 황경상 「정규직 기반 복지국가, 구조조정 확산에 한계 봉착」, 『경향신문』 2012년 12월 4일자. 자세한 내용은 다음을 참조. Ferguson, J. "The Social Life of 'Cash Payment': Money, Markets, and the Mutualities of Poverty," In E. Fischer & P. Benson (Eds.), *Markets and moralities* (Sante Fe: School of Advances Research Press 2012).

13 어희재 「유럽 '기본소득' 바람…스위스·영국도 고려」, 『뉴스토마토』 2015년 12월 28일자.

14 이경탁 「美스타트업 엑셀러레이터, '기본 소득제도' 주장」, 『아이티투데이』 2016

년 2월 1일자.

15 이재명「'청년배당', 이제 박근혜정부가 답할 때!」, 『르몽드 디플로마티크』 2015년 12월호.

16 강남훈「성남시 청년배당과 기본소득」, 서울시립대 도시인문학연구소·기본소득 한국네트워크 주최 '미래 세대의 기회와 도시의 청년복지' 토론회 발표 논문(2016. 3. 11.).

17 NHK 스페셜 제작팀 『노후 파산』, 김정환 옮김, 다산북스 2016.

18 Bruno Latour, "On Some of the Affects of Capitalism," 코펜하겐 로얄 아카데미 (The Royal Academy) 강연(2014. 2. 26.).

19 안희경「세계 지성과의 대화(6) 지그문트 바우만」, 『경향신문』 2014년 3월 24일자.

20 한나 아렌트 『인간의 조건』, 이진우 옮김, 한길사 1996.

노오력의 배신

초판 1쇄 발행 / 2016년 4월 15일
초판 7쇄 발행 / 2021년 4월 29일

지은이 / 조한혜정·엄기호 외
펴낸이 / 강일우
책임편집 / 윤동희
조판 / 박지현
펴낸곳 / (주)창비
등록 / 1986년 8월 5일 제85호
주소 / 10881 경기도 파주시 회동길 184
전화 / 031-955-3333
팩시밀리 / 영업 031-955-3399 편집 031-955-3400
홈페이지 / www.changbi.com
전자우편 / nonfic@changbi.com

ⓒ 서울연구원·서울시립청소년직업체험센터 2016
ISBN 978-89-364-7286-3 03300